Die Heuschrecke und die Ameise.

Und wenn die Ameise hatte die Heuschrecke geholfen?
Was würde passieren?

Franz

Die Zikade, gesungen zu haben

Den ganzen Sommer

Es fehlte stark

Wenn der Nordwind kam

Nicht ein Jota

Fliegen oder Wurm.

Sie ging betteln

Bei Nachbar Ant,

Betteln sie, ihn zu verleihen

Einige Korn zu überleben

Bis die neue Saison.

"Ich werde Sie zahlen, sagte sie,

Vor Out, Tier Glauben

Zinsen und Kapital. "

Ant ist kein Kreditgeber:

Das ist ihr am wenigsten Fehler.

Was haben Sie bei heißem Wetter zu tun?

Sie sagte zu diesem Kreditnehmer.

- Tag und Nacht für alle Ankömmlinge

Ich sang, wenn Sie bitte.

- Sie singen? Ich bin froh darüber.

Gut! tanzen jetzt.

Jean de la Fontaine.

Der Empfang des unglücklichen Zikade.

Struck einander alle diese höllischen Wind, Zikade Voraus mit
steigendem Schwierigkeitsgrad. Sie begann ihre langen Weg in
Richtung Hunger ein wenig leid für die Hinterbeine in den roten
Cerberus ziehen den Eingang zum großen anthill bewacht wird,
aber die Schatten, in dem dieser Teil der Lichtung schnell
gefunden alle Tauch die Muskeln ihres Körpers als betäuben zu
ihr im späteren Leben wie eine Ameise hängen machen. Es
muss schnell einen Unterschlupf für den Winter zu finden, bevor
die kleinen Wind wiederum in unersättlich Mäher zu sehen.
Viele seiner Mitmenschen und zugrunde gehen jeden kalten
Jahreszeit unter den mörderischen Angriffe des kalten Windes.
Am Rand des Aufgebens, sah sie in der Ferne ein anthill noch
von den letzten Strahlen dieser schönen Sonnenuntergang
beleuchtet.

Motiviert durch die Schönheit der niedrigen Sonne des anthill in
der Nähe der untergehenden Sonne, findet sie eine Hoffnung,
die ihm die Kraft gibt, die neuesten Ellen trennt diese gut
platziert Kolonie zu suchen. Die schöne Sängerin ist sicher von
mindestens etwas zu essen zu kämpfen gegen die Schrecken der
kommenden Saison zu finden. Ein anthill so gut eine Position,

die nicht Nahrung verschütten können. Das Hotel liegt am Ufer des Teiches im sonnigen Teil der Lichtung das Nest der Sonnenuntergang ist die beste overabundant Ernte legte sie für einen guten Zweck gelernt haben müssen.

Paw Paw, nachdem es die beeindruckende anthill nähert, die nun mehrmals seine Höhe dominiert. Unerreichbares Ziel ist der Hügel bei jedem Schritt verwandelt Tour Turm Hügel und Bergland klar in den Augen der Zikade geworden. Der Berg wird zu Ocker, um schnell ein rosa von der Sonne Berg werden nahe dem Verschwinden über den immensen Wasserkörper die letzte Hoffnung für die hungernden Sänger angrenzt. Er zwingt seine Beine, um die Bewegung in eine völlig ungeordnete Handlung zu beschleunigen. Seine Synapsen verlangsamt durch die Kälte mehr koordinieren effektiv die Beine, die zu schnell zu zwingen, in seinem Staat koordiniert werden. Sie sieht die letzte Spalte der Arbeiter der Saison ab. Ihre schwere Last auf den Körper, sie vorantreiben, ohne irgendwelche Anzeichen von Müdigkeit zeigt. Eine echte Demonstration der Stärke, die die Heuschrecke Bewunderung zwingt. Wie wirken sich diese kleinen Insekten nie aufhören und immer nach vorne zu bewegen, ohne das geringste Zeichen von Müdigkeit? Diese kleinen Ameisen müssen überfüttert werden. Dies ist die einzige mögliche Erklärung für den Sänger, der in dieser Welle der Arbeiter, dass die bloße Demonstration seines Denkens sieht. Diese Siedlung ist unerhört reiche Nahrung sein, um so viel Energie aus den dicken Mauern aus Lehm zu setzen leisten.

Die Heuschrecke versucht, eine letzte Spalte von Ameisen interpellieren, aber der kleine Arbeiter bleibt ungerührt. Ohne eine waggle der Antennen, setzt es seine langsame seinem Weg. Dies wird kaum bemerkt, dass sie versuchte, sie zu kontaktieren.

Erstaunt über diesen Egoismus schön Zikade sammelte seine letzten Kräfte, die lange Kolonne zu folgen. In den Beinen des unempfindlichen Arbeits, fühlt sie sich mehr läuft als zu Fuß der Säule mit Lebensmitteln gefüllt, um erfolgreich folgen. Seine Antennen scannen das Feld mit der Hoffnung auf einen Schlag, sogar winzig, abtrünnigen Packung eines der Ameisen zu finden. Sie suchte eifrig den Boden, bevor es bald einen Grund geben. Expert und mitgerissen, keiner ihrer Arbeiter nicht ein einziges Stück seiner kostbaren Fracht fallen. Das Leben und die Zukunft ihrer Kolonie ab. Sie konnte nie in der Kolonial Solidarität Eid leisten zu scheitern sie zu ihrer Geburt verliehen haben. Resigniert folgt die Zikade nur die Spalte von seinen letzten Ressourcen vor dem breiten Eingang, um schließlich zusammenbrechen, wenn es nicht unbemerkt bleibt.

Die letzte Ameise Säule hat kaum die dicke Wand durchquert, dass zwei Soldaten in einer defensiven Position platziert werden scheinen gegenüber der beeindruckenden Zikade. Obwohl zwei mal kleiner als der Neuling, sind die beiden Krieger bereit, im Kampf in der ersten verdächtigen Geste dieser Eindringling zu engagieren. Die Mandibeln weit offen, nähern sie sich mit Vorsicht der Sänger fiel zu Boden. Hinter ihnen ist der Kopf des Schutzes des Eingangs wackelt mit seinen Niederlassungen in alle Richtungen. Die Botschaft ist klar, und es ist schnell eine ganze Abteilung des Krieges, der zur Bewegung in die Kampfpositionen vorbereitet. Nächster in der Nähe der Einfahrt massierten, bereit, so schnell zu gehen, als der Befehl gegeben wird, bieten sie als die Mauer der Festung eine zweite Verteidigungslinie undurchdringlich wie dick. Sie zappeln, während Ameisen gehen in die Tat unter dem Kommando des Kämmerers warten schnell vor Ort dank der imposanten Trägerfolie, die mit dem Ort des Geschehens führt von der Nachricht sie erreichte.

Die Träger Arbeiter liegen auf dem Boden bewusst die
Tatsachen, die Ankunft Behörde zu ermöglichen, die aus ihrer
Lethargie in der Höhle des Board gezogen haben, wo sie die
Königin auf die wichtigsten Entscheidungen für das Leben der
berät Kolonie. Langsam diese geborene Kopf nach unten seinen
mobilen Altar tapfer die Zikade erweitert Schutz mit nur zehn
Soldaten der größte der Stadt gewählt nähern.

-Was Machst du denn hier? Wir möchten, dass Sie fremde?

Autoritäre Welle von Chamberlain Resonanz innerhalb der
Kolonie beeindruckt von den Eingeweiden und der Festigkeit
ihrer Leiter. Die Heuschrecke wird ein wenig Gegenwart und
versucht, Barmherzigkeit und Mitleid dieser Persönlichkeit der
reichen Kolonie zu betteln. Aber wie bei der Hüterin der
Spartan Kolonie, ist die negative Antwort nicht lange auf die
Petition im Fallen die hungernde Sänger flehend.

-Pitié! Sizzle Antennen der Zikade.

Sie versucht, alle möglichen Argumente, aber nichts
funktioniert. Der Kämmerer bleibt fest und dreht sich in der
anthill, dicht gefolgt von den vielen Soldaten dort. Sie geben die
Befehle erforderlich sind, um den alten Offizier verantwortlich
für diesen Eintrag und dann verlassen, so schnell wie es auf
seiner Trägerfolie kam.

Die Zikade ist die Hälfte angehoben, um zu versuchen leider einmal zu fühlen, wieder verantwortlich für die Pflege, aber nichts scheint wahrscheinlich, seine Meinung zu ändern. Sie wußte nicht einmal scheint das Knistern des anfordernden Essen Asyl zu hören.

Unbeugsam, alte Ameise verantwortlich für die Sicherheit der Kolonie bestellt die Fraktion Soldat Eintrag Zugang zum Nest zu schließen und die flehentlichen Zikade mundtot zu machen. Die Zikade dreht mutlos Beine ein trauriges Lied über das Unglück improvisiert, die warten. Sie singen das Übel der Natur, die Geburt Zikade gibt, wenn es Ameise geboren haben könnte und haben die Chance, in einem komfortablen egoistische Glück zu leben. So hofft es, die Güte des alten officière auf sie zu gewinnen. Aber unempfindlich gegen diesen Gesang wird die Ameise geht den Eingang in das Land der Festung zu schließen, wenn eine Gruppe von jungen Arbeitern, die Soldaten schiebt den schweren Stein zu manövrieren, die als Tür dient. Obwohl separat stärker als jedes der jungen Ameisen, die in der entgegengesetzten Richtung wachsen, müssen die Soldaten unter dem Gewicht von Zahlen geben. Ungläubig vor dieser unbekannten Situation, suchen sie Unterstützung von ihren Kopf, dass die Gegner beginnt beschimpfen. Sie versucht, seine natürliche Autorität geltend zu machen, sind aber nicht in der Lage, diese Gruppe von Gesicht junge bestimmt.

Diese Jugend umgruppiert gegen die Vertreter Gesetz Ameise anthill hat die Schmähungen gegen sie nicht zu fürchten. Die Jugend selbst die sozialistische Jugend genannt wird, und für eine Vereinigung aller Insekten unabhängig von ihrem Aussehen oder Herkunft werben. Diese Jugend ist, dass die große Siedlung, reicher als alle anderen reichen Kolonien, werden die

Bake, die die Welt der großen Lichtung leuchtet. Diese Jugend
Traum von einem perfekten Lichtung, wo gäbe es mehr
Insekten, die vor Hunger und Kälte leidet. Diese Jugend ist
schon lange geträumt und war nur ungern in die Tat zu gehen,
aber die Schmerzensschreie der Zikade sie berührt haben. Sie
wurden durch das Unglück der Armen Insekt berührt, und sie
schließlich beschlossen, Maßnahmen zu ergreifen. Jetzt
beendet mit reaktionären Codes leben, wenn Sie die Lichtung
Größe des Geistes ihrer Zivilisation zu zeigen, weg von Egoismus
und Despotismus Rückstand Ameisenhaufen auf der Seite, wo
die Sonne kommt.

Was machst du da? Sie haben kein Recht, das zu tun.

-Wir Kann nicht ein anderes Tier in der Armut im Winter lassen,
es gegen alle Tier Gesetze wäre. Wir müssen mit anderen
Insekten in Solidarität sein. Wir sind nicht wie Ameisen aus dem
Osten. Wir sind die anthill Rechte des Insekts, wir haben immer
geschworen, alle anderen Insekten zu helfen. Unabhängig von
ihrer Herkunft oder Zustand, wir können nicht zurück auf das,
was gemacht die Größe unserer Kolonie.

Das Böse Ameise seine beiden Soldaten zu versuchen, die Tür
zu schieben, aber die Arbeiter Solidarität ist stärker und sie
schaffte es, alle Versuche der Ameise zu alt, um zu kämpfen zu
begegnen. Sie schreien ihre Freude des Bösen besiegt zu haben
und Hagel zu weinen, die Armen Zikade ab.

-Reviens Wir bieten Ihnen in diesem Winter füttern, haben wir
mehr als genug für uns alle!

Ja, komm, wir müssen wissen, dass Sie glücklich leben, auch.

Zunächst besorgt Überraschung Umkehr, wandte sich die Zikade schnell eine Reihe von jungen Ameise zu rauen Antennen zu finden, die viele freundliche Signale durch die Luft setzen kann. Zufrieden mit dem Happy-End, beeilt sie seine sauveuses zu verbinden, die ihr alles zu erklären streicheln, dass sie so lange wie sie will, im Namen der Rechte des Insekts in ihrer Kolonie willkommen war.

Glücklich mit diesem Ergebnis fällt die Heuschrecke in das Nest mit einem neuen freudige Lied, das sie improvisiert, wie es in der beeindruckenden Festung danken ihren neuen Freunden vorrückt. Junge Arbeitnehmer begleiten, um den Rhythmus der Songs der Zikade in das Herz des anthill das Tanzen. Sie nahmen ihn näher an die Nahrungsmittelreserven Gast zu zeigen, sie willkommen ist. Sein Sinn für Rhythmus wird die übliche Konzert von Musikern ändern und ihre Gruppe zu kompliziert Melodie anderen Ameisen zu gewinnen, das alte Gericht der Königin und die rohen Soldaten, die ungerührt bleiben, was ohnehin geschieht. Sie sind der Beweis für das Leben, wenn wir sie bestellt haben, nicht anders. Sie tanzen, die Beine in einem großen Kreis hält um ihre Sänger wie empört die Augen des alten Gerichts, die nicht verstehen, was dieser Eindringling in diesem heiligen Ort zu tun. Nie Ameise Speicher, haben wir ein solches Schauspiel in einem Ameisenhaufen gesehen. Die Zikade stoppen sein Gesang nur einen Moment, als sie die Bedeutung der Reichtum der Kolonie entdeckt. Sie ist geschockt an all dem Essen. Die alte Ameise wollte bestellt hungern, während sie auf den sanften Berg lümmelte. Sie Hass gegen diese alte Ameise einer unglaublichen Egoismus. Sie nahm ihr

ein schönes Lied über Solidarität zu singen, dass junge
Arbeitnehmer in Herz wieder aufgenommen, unterstützt durch
die Einfachheit der Worte und Rhythmus, weg von
Ameisenhaufen Melodien mit vielfältigen und komplexen
Noten, scharf, doppelte Noten und flach.

Empört über diesen Anblick, rufen die alten Ameisen für die
Hilfe des Kriegers Wache fremd zu vertreiben. Sie wissen nicht,
wie sie reagieren und sind mit die einzige Lösung für alle
unbekannten Situation, die schiere Kraft und hart
zurückgetreten. Die Soldaten kommen schnell in Reih und Glied
vor dem Eingang der Speisekammer der Kolonie. Ihr Kopf geht
in Richtung Eingang und stellte ein Ultimatum an die
Heuschrecke. Sie gibt ihm ein Viertel der Halbzeit Viertel Sonne
zu verlassen, diese Zeit abgelaufen ist, wird es stürmen. Keine
Antwort kommt ihm aus dem Inneren der Speisekammer nach
dem ersten Anruf. Weiter geht es nach ihren Regeln und
erwartet, dass die empfohlenen drei Vorladungen zu geben. Für
die zweite Vorladung, sie reibt sich ihre Antennen Blatt in einem
kleinen Kegel gerollt, um es stärker und eindrucksvoller Anruf
und dann eine lange Zeit eine Antwort zu warten, die nicht
kommt. Hinter ihr, haben die Armee Ameisen instinktiv in
Angriffsposition setzen. Bestellungen verschmelzen in den
Reihen für den nächsten Angriff. Sie wissen nicht genau, was
die Art des Angriffs, aber sie sind alle da, die Beine gegen die
Beine, bereit zu stürmen. Im Einklang mit ihren Anweisungen,
sie zuzuschlagen ihre Mandibeln gegeneinander. Der Klang
dieser kriegerischen Wunsch tönt bis in die Tiefen der Kolonie.
Dieser Höllenlärm schreckt mutigsten Ameisen der Situation
nicht informiert. Alle verkümmern in ihren Höhlen. Das Tempo
ist schneller für diesen bevorstehenden Angriff. Entnervt selbst
sie durch den Kontext schaffen, stampfen der Krieg endlich in
der Lage zu attackieren. Jeder sieht sich derjenige sein, den

tödlichen Schlag gegen den Feind der Kolonie zu tragen. Jeder ist zu sehen, eine, die ihre Schwestern die schreckliche Gefahr retten sie wissen noch nicht, aber haben keine Angst zu stellen. Sie werden geschult, um ihre Mission zu gehen und zu vervollständigen. Sie erwarten, dass die Bestellung durch ihre Leistung in der sichtbarste Weise zeigt, ist es, bis der erste Auftrag fällt. Nach drei Vorladungen ohne Antwort, hebt der Leiter der Sicherheitsabteilung sein rechtes Vorderbein in der Luft. Alle sofort auf und bestimmten Anruf reagieren.

Die Mandibeln in einem Atemzug zu stoppen, die Atemsperre und immobilisieren den Körper gegeneinander. Stille stumm schaltet die riesige Kolonie, wo sogar die Erde rutschen hält. Die Kuppel des Todes hat gerade gelandet auf all diese Insekten. Es ist dort, schwanger, bereit zuzuschlagen. Die Königin selbst ständig und alles hält ihre Babys in ihm. Schockiert von der Intensität des Augenblicks, atmen sie kaum als Kolonie, die den Atem hält.

Die Zikade wird durch diese höllische Schweigen gelähmt. Es ist zwei Fuß das Nest, bereit zu wählen zu lassen und nicht zu verhungern, als in der grausamsten Art zu sterben, dass es unter den Schlägen der Pfoten und beißenden Mundwerkzeuge der Prätorianergarde des Zorns Kolonie ist. Sie beginnt in Richtung Ausgang zu sinken, wenn die junge halten Geselligkeit.

-Wir Sind hier um Sie zu schützen, keine Sorge Sie, zischen ihre Antennen auf der niedrigsten Frequenz kann ihren neuen Freund zu beruhigen.

Junge Arbeitnehmer versuchen, ihre Zikade Freund zu schützen. Sie tun es in die Speisekammer zu bekommen und alle Beine gegen die Beine zu sammeln. Sie erwarteten, dass lange zu handeln und zu entscheiden, nicht ihre Ideen zu der Zeit zu geben, um endlich in die Praxis umzusetzen. Sie sind jetzt über Beine Beine unten in einem gesicherten Ort und kommen alle zum Eingang der Speisekammer Beine gegen die Beine.

-Sie Müssen unsere Körper übergehen. Wir boten Gastfreundschaft auf einen Fehler in Gefahr. Solidarität ist ein Motto unserer Zivilisation, und wir müssen zu allen Zeiten und an allen Orten gelten. Es wird in den Genen unserer Kolonie registriert. Die Zikade ist hier unter unserem Schutz, und Sie müssen unseren Körper übergehen, um zu jagen.

Der Leiter der Straf Ablösung des Zögerns vor der sichtbaren Bestimmung dieser jungen Arbeiter nehmen. Sie weiß nicht, was zu tun ist und behält den Angriff, um seine Zweige Weisen zu nennen, die die Königin beraten. Einer von ihnen kam auf den Teil dieser Soldaten für seine Brutalität bekannt zu verhindern Fehler ausgeführt wird, einmal in Aktion ins Leben gerufen.

Dort angekommen, die alte Ameise Antennen gegen die des Kopfes Soldat diskret aller Elemente im Besitz des Militärs informiert zu stehen. Seine Weisheit Arbeiter gerichtet ihn vorsichtig und will nicht das Risiko eingehen, von allen jungen Arbeiter unter den Schlägen der Mandibeln der dort sterben sie zu schützen. Das Risiko für diese Generation von Arbeitnehmern zugrunde gehen könnten alle ihre Nahrungspflanzen in Zukunft untergraben und sogar die Kolonie sterben bei einer großen Zukunft Hungersnot zu sehen. Und doch würde dieses Risiko nichts im Vergleich zu dem von der großen Gemeinschaft von Ameisen aus anderen Kolonien abgelehnt werden, wenn sie Verbrechen gegen die insectité lernen sie begangen haben. Sie können sich nicht leisten, eine Generation nach ihrem eigenen Blut zu töten, es würde gegen die natürliche Ordnung der Dinge.

Die alte Ameise beginnt über die Situation zu denken, unter Berücksichtigung aller Aspekte, die einen unmittelbaren Einfluss auf das Leben der Reichen Kolonie haben. Sie weiß, dass die Ernte erlauben kann sie ein Insekt mehr zu füttern, wenn der Winter nicht zu hart ist, aber es wird versuchen, die Arbeitnehmer Jugend zu verhandeln, legte immer vor den Tierschutzschild Zikade Gesang Anreize Solidarität Kampf auch hinter den Reihen dieser tapferen jungen Menschen geschützt.

-Sie Sind die Zukunft der Kolonie, können Sie uns das Risiko der im Winter aus der Nahrung laufen dauern. Es würde sich verdammen.

Nein, wir werden nicht unser Freund Sänger sterben lassen für unser einziger Trost haben wir weit genug den ganzen Winter zu halten, ist es normal, Tier Solidarität mit dem Nächsten zu spielen. Sie achtete nicht in diesem Jahr, aber wir versprechen zweifellos mehr Sorgfalt im nächsten Sommer zu demonstrieren.

-Sie Hat zu gehen. Noch nie hat eine Zikade einen Winter oder sogar zu und von der Sonne in einem Ameisenhaufen verbracht. Dies ist keine akzeptable Idee.

-Justement, Es ist Zeit, die Dinge zu ändern, müssen wir sie für uns als egoistisch zu halten, um schließlich entwickeln und stattdessen in unserer Evolution anderen profitieren. Wir sind nicht Ameisen aus dem Osten, sind wir Ameisen in der Kolonie von Insekten Gesetz müssen wir ein Beispiel für andere Ameisenhaufen gesetzt. Wie auch immer, wir werden nicht von hier bewegen. Die Aktie ist unser. Wenn Sie essen wollen, werden Sie uns töten. Es gibt keine andere Lösung möglich.

Die alte Ameise ist kompromisslos in seinen Ideen, dass junge Arbeitnehmer und ihre Zukunft nicht gefährden, sondern lassen Sie vor dem Risiko von jungen Menschen gehen müssen im Voraus während der harten Saison Zugang zu Reserven zu blockieren. Sie toleriert die Anwesenheit der Zikade, wenn es sich bestätigt, dass sie vorsichtiger nächste Saison wird, und es wird in den Wiederaufbau der Nahrungsmittelreserven der Kolonie teilnehmen. Die Zikade zögert, sondern ein Versprechen wert nur für diejenigen, die glauben, stimmt sie zu erfüllen. Die jungen Arbeiter abfahren auf die Heuschrecke zu geben Weise nur feierlich versprechen, Antennen gegen Antennen, die alte weise es Arbeiter einmal schön kommenden Saison sein wird.

Enttäuscht von dieser Niederlage ohne Kampf geht gegen die natürliche Ordnung der Dinge, lassen die Soldaten den Bereich unter den Schreien der Sieger junge Arbeitnehmer. Ihre

Antennen brutzeln mit Freude über den Sieg der jungen
Generation der etablierten Ordnung.

Der Sieg wird mit Würde von den Arbeitern gefeiert. Sie greifen
in einem großen Tanz um Gesang Zikade. Sie wird die Verse um
einen Chor zu Ehren der neuen Generation intelligenter Ameise
gelingen, sagte sie. Es schmeichelt der junge stundenlang. Sie
hält für seine Lieder, die regelmäßig paar Samen in den Bestand
der Proviant ziehen.

Irritiert von diesen Songs, alle alten Ameisen eilen, um das
Leben lethargisch Winter zurückzukehren. Sie fallen schnell in
den langen Schlaf. Ihre Bemühungen Sommer eine
Entschädigung für diese Saison zu finden, wenn sie wirksam sein
sollen wieder am Ende der kalten Jahreszeit. Sie gehen aus dem
Schlaf in der seltenen Momente, ihre Körper zu ernähren.

Die edle alte Gebühr von Verhandlungen nur aus seiner ersten
langen Zeitraum schlafen zu gehen, um zu tanken und ist
schockiert zu entdecken, dass alle jungen Arbeiter in der
Lebensmittel Lager noch aktiv sind. Sie umgeben immer die
Zikade und Songs werden nun von ihren Antennen zur Freude
der Zikade, die auf den Körnern ausgegeben. Sie singt und
Freizeit Pick in der reichlich Nahrung während Beratung dieser
jungen Ameisen geben, die eine wahre Freude nehmen zu
imitieren. Sie folgen einander ohne Unterbrechung und hat
einen Blick auf die alte Ameise nicht durch den Anblick des
Unbewussten entsetzt werfen, die durch den Eingriff in Erholung
gegen ihre Instinkte gehen, in dieser Saison, ungeeignet für ihre
harte Arbeiten. Sie will versuchen, eine moralische Lektion,
diese jungen Menschen zu machen, aber zu sehen ist abrupt

durch eine unbefestigte lehnte den Boden durch nervöse
Arbeiter fliegen einen alten zu sehen inaktiv geben ihnen eine
Lektion. Sie haben die Lehren aus jeder zu lernen, haben sie die
schönsten Weisheiten gezeigt einen Freund vor dem sicheren
Tod zu retten. Die alte Ameise Dodge die Grundstücke, die es zu
kurz fliegen und in Panik geraten, die Königin Wahnsinn dieser
jungen Generation ankündigen, die nicht den Naturgesetzen
nicht respektiert.

Die Königin hörte aufmerksam das Konto ihm dies gewidmet
Kurtisane gegeben. Sie macht sich Sorgen zu über die Situation,
aber nicht weiß, wie man in dieser immer noch nicht bekannt,
ob die Ameise Gemeinschaft zu handeln. Sie möchte Ratschläge
von anderen Königinnen zu nehmen, aber kann sich nicht zu
zeigen, bringen, dass seine Kolonie für seine intellektuellen
Voraus bekannt weiß von selbst ein Problem, nachdem alle Moll
lösen. Sie entscheidet sich schließlich zu lassen auf das
Versprechen von der Zikade zu übernehmen am Ende des
Winters gemacht zu verlassen. Sie will, dass das Insekt zu
vertrauen.

-Sie Im Namen seines Glaubens Tier gelobte, so können wir ihm
nur vertrauen und hoffen, dass der Winter nicht zu hart und
nicht zu lang. Seien Sie nicht Sorge, treue Berater.

Beruhigt, um zu sehen, dass die Königin zu dieser Entscheidung
nahm sie die weise alte kehrt in sein kleines Loch für eine
weitere lange Nacht der Ruhe. Der Rest wechselten sich mit
kurzen Betankungszeiten, bis die Wärme des Frühlings erwacht
sanft die schläfrigen Kolonie.

Die schwere Abgabe des Winters.

Die alte Ameise läuft die Kolonie in jeder Richtung in der Gesellschaft von militärischen Leiter guten Erwachen aller zu gewährleisten. Es hat sogar das Vergnügen, zu sehen, dass alle Arbeiter schlafen rund um die Zikade auf dem Gelände der inzwischen aufgelösten Nahrungsreserve ist. Sobald diese kleinen Leute Arbeit verlassen wird, kann sie endlich mit der schwierigen Aufgabe, auf die Leichen von toten Ameisen nehmen Sie alle über den Winter. Sie mag es nicht, diese Mission, aber es tun so, wie jedes Jahr, mit Sorgfalt und Diskretion das Risiko einer moralischen Schock die Gemeinschaft Überlebenden zu vermeiden. Sie ist verstört schnell die Zahl der Kadaver in den Alveolen gefunden, und schnell zu prüfen, in den Archiven, die Zahlen der vergangenen Jahre einmal alle Kadaver in der Seite des Nestes begraben. Die Zahl der Todesfälle hat sich zum Vorjahr verdoppelt. Sie unterrichtet die Königin informieren und sendet auch ein Bote Ameise Überwinterungsbedingungen für in der Nähe Siedlungen informieren.

Die Arbeiter haben alle wieder an die Arbeit und die Zikade ist längst vorbei, wenn der Bote von seiner Mission zurückgekehrt. Für einen Hauch von den Antennen wird es bewusst neue die benachbarten Kolonien berichtet. Sie ist verstört zu erfahren, dass die anderen Kolonien minimale Verluste während der schlechten Jahreszeit erlitten haben. Sie haben den üblichen Prozentsatz des Alters verloren, ohne in diesem Jahr jede

Erhöhung. Der weise alte informieren die Königin, die ihn
fragte, Informationen zum Schweigen zu bringen. Sie würde
nicht wollen, dass Amalgam zwischen der Sterblichkeit des
Winters und die Anwesenheit ihrer unerwarteten Gast gemacht
wird. Der alte Weise versucht, die Königin zu Grund zu
bekommen durch den Nachweis von allen bedeutet, dass die
Anwesenheit der Zikade die einzige gültige Grund ist diese
Sterblichkeit zu erklären. Der Newcomer und ständig wach
Geselligkeit Ameisen um den Sänger zwangsläufig die
Notwendigkeit für Lebensmittel erhöht und verhindert haben
empfindlichsten sie während des Winters zu nehmen. Nichts
geschieht, wird die Königin nicht vom Fleck und blieb standhaft
in seiner Entscheidung nicht, darüber zu sprechen. Sie kümmert
sich nicht die durchschnittlichen Ameisen sind Inhalt in
Unwissenheit zu leben. Der Weise macht einen letzten Versuch,
die Königin zu beugen, aber vor der Unnachgiebigkeit von ihm,
es klappt seine Entscheidung, durch einfache Respekt Protokoll
nur für das Protokoll. Sie wird die Wahl der Königin gegen Herz
respektieren, aber nicht haben Zeit, die Soldaten der königlichen
Entscheidung zu informieren. Sie begannen die Nachricht zu
verbreiten, dass viele Ameisen an Hunger während des Winters
gestorben. Sie sahen, heben dann die Beute ohne Dicke. Einer
der Soldaten konnte mehrere Kadaver ohne die Hilfe seiner
Kollegen verlassen. Das Fehlen eines organischen Materials im
Inneren leeren Schalen ihrer Schwester kann sie einen Tod
durch Unterernährung machen zweifeln. Ihre Erklärungen und
die Art, wie sie geben nicht bezweifelt werden, dass diese
Verschleppungen auftreten nur wegen ihrer unerwünschten
Gast. Die Zikade ist ihnen nach, verantwortlich für den Mangel
an Nahrung, die den Verlust von so vielen von ihnen verursacht.

Die erste Nacht die jungen Arbeiter lernen wütend Gerücht
richtet Zikade ihre Freundin. Sie machen die Entscheidung, den

Ausgang des Stockes am nächsten Tag in der Vergeltung gegen diese Verleumdungskampagne gegen ihre Kameraden zu blockieren. Sie argumentieren, dass die Grille hat ihnen erlaubt, die Kolonie in die Außenwelt und verschiedene Insekten zu öffnen. Sie lehrte sie wie schön es zu singen und das Rück die Zikade versprach, dass sie den Weg der Mühsal wie Ameisen nehmen würde. Wie kann die ältere Generation von Ameisen bleiben blind für die Anreicherung dieses Austausches und der immensen kulturellen Wert, den es ihnen gebracht hat?

Am nächsten Tag in der Morgendämmerung, bekommen die jungen Arbeiter vor der Morgendämmerung Platz vor dem Hauptausgang des anthill zu nehmen. Sie verhindern, dass die ältere Generation auf der Suche nach Bestimmungen zu gehen. Ältere Arbeitnehmer nicht wissen und es nicht wagen, den Durchgang zu erzwingen. Alarmiert durch die unbegreifliche Knistern, die sie erreichen, eilten die Soldaten zum Ausgang alle Mandibeln nach vorn mit Versicherung gegen einen Feind Tier finden werden sie kämpfen müssen. Sie blockierten auch den Blick auf die jungen ausgerichteten Beine gegen die Beine vor dem Ende. Sie halten die beschämende Passage daran, dass Einschränkungen betrachtet die Anwesenheit eines Eindringlings für eine Saison in die sichere der Gemeinde zu tolerieren. Der alte Weise kommt schnell zu, bevor der Ort der Spannung, alarmiert durch den Schwärmen unverständlichen Wellen sie aus dem Hof der Königin wahrgenommen. Sie wagen sich nicht entschließen, den Angriff von Soldaten zu tun, und gibt ihnen nur um junge Arbeitnehmer zu diesem Thema zu halten. Es wird von einer Gruppe von nicht-streikende Arbeiter zu einem Notausgang zu erweitern, während sie mit allen jungen Menschen verhandelt. Sie hört aufmerksam zu, den Grund für ihre Wut und nehmen Sie es in Betracht. Sie wird hinter dem Gerücht Sack Ameise Soldaten tun. Dieser Deal mit

Demonstranten Arbeiter versucht der Soldat seinen Fall zu
verteidigen und zu versuchen, die Gründe für seine Tat zu
rechtfertigen, aber aus Angst vor Dissens verlängern die alte
Ameise niemand will seine Argumente zu hören und erklärt die
Räumung von Soldaten der militärischen Ränge als gültige
Entscheidung auf der Stelle. Der in Ungnade gefallene Soldat
Falten auf sich selbst ihren Körper in zwei seiner starken
Mandibeln zu schneiden. Für sie ist Selbstmord angesehener als
der Verlust der Schutzstatus der Kolonie. In zwei Stücken am
Eingang der Kolonie, leert sie seine Lebensflüssigkeit zu seinen
Kampfgenossen. Low-Antennen, sie besuchen diese
unglaubliche Szene einer Ameise Selbstmord für die einzige
Rechtfertigung einer Entscheidung gegen das Wohl geht der
Kolonie zu begehen gezwungen. Ihre Trauer wird durch den
Sieg Songs verbesserte qu'entonne junge Arbeiter, die in vor
ihnen.

Die Königin wurde sofort von der erstaunlichen Szene
informiert, die gerade stattgefunden hat in seiner Kolonie durch
weise nun destabilisiert. Es kann seine ziemlich starre Antennen
halten seine Gedanken kohärent zu übertragen. Die Königin
wird langsam jeweils Fragmente der Kommunikation
entschlüsseln, die es erfasst. Es setzt die Stücke und ihre
Kurtisane im gratulieren erfolgreich demonstriert große
Diplomatie und einer großen politischen Sinn trösten. Diese
Entscheidung ist eine der stärksten und pragmatisch nie in der
gesamten Tierwelt gemacht und den Willen ihrer Kolonie wird
die ganze Welt der Ameisen in seiner Größe zu erleuchten. Der
alte Kurtisane fühlt sich beruhigt, weiß aber nicht, wie die
Traurigkeit des armen Soldaten entehrt zu vermitteln. Königin
unterstützt ihn, dass die Soldaten gemacht werden, um zu
sterben und sie erkannte seine Arbeit den Tod zu geben. Sie

leben die Sicherheit-of-Kolonie und ihr Image bei den Ameisen und anderen Insekten um zu verteidigen.

Das Lob überschüttet.

Die Königin war in der Lage, die Richtigkeit seiner Worte durch die Anzahl der Teilnehmer Botschafter die Freundschaften von anderen Kolonien und Bewunderung ihrer eigenen Queen-Size präsentieren, um zu überprüfen, bevor die Tiere Lektion, die von ihrer Gemeinde gemacht. Königin begrüßt Bescheidenheit all das Lob seiner Herrlichkeit gemacht. Nur kamen Vertreter aus dem schraffierten Bereich der Kolonien des Waldes formulieren ihre Kritik und Vorwürfe über seine Großzügigkeit der Heuschrecke. Sie befürchten, dass es ein gefährlicher Präzedenzfall ist, die ernsthafte Probleme in der Zukunft schaffen können, wenn es wieder passiert ist. Alle in der Bedeutung von allen ihren Nachbarn gegeben drapiert, weigert sie sich mehr von den Botschaftern dieser rückwärts Gemeinden, die sehen, die Arbeit und den Entzug Ameisenbär Welt als Zukunftsaussichten zu hören. Diese Gemeinden haben wollte nie mit anderen Arten zu engagieren, und nur seine Kollegen von der sonnigen es geschafft, eine Öffnung Kapazität zu zeigen, indem Sie regelmäßig andere Tierarten für eine gute Verteilung des Reichtums und die Lichtungen treffen eine gemeinsame Nutzung von Tierwissen für das Wohl aller. Ohne auch nur ihre jeweiligen Königinnen zu konsultieren zu belästigen, Botschaftern rückwärts Kolonien zurück in Richtung der Bäume in der Bekanntgabe der Abfindungs aller

Beziehungen zu den Kolonien der sonnigen Lage, bezeichnen sie als verrückt und unverantwortlich. Die jungen Arbeiter überqueren ihre Antennen unerträglich und beleidigend zu emittieren, um den Durchgang dieser Botschafter wertlos animalism läuten. Sie sind erfreut zu sehen, dass ihre Königin die Bedeutung der Hilfe für andere Insekten verstanden hat und verlassen das Werk in der Zeit, diese Nachricht zu ihrem Zikade Freund zu bekommen.

Sie folgen den vom Wind davongetragen Lieder zu ihrem Freund in einem schönen, offenen Bereich. Es ist nun von einem Dutzend Zikaden umgeben, die mit ihr zu singen. Am Rande des Teiches, sie sind Spaß und Improvisations Lieder, um die Schönheit dieses Frühjahr wieder früh genug für sie immer noch recht zahlreich in diesem Jahr sein. Alle sind nicht da. Gestorben im Winter große Verluste haben die Familie der Grillen betroffen.

-Diese Zikaden wurden von der gleichen Mutter wie ich geboren und ich schaffte es, mit ihr zu verbinden sie mein Glück zu sagen, in diesem Winter getroffen haben. Sie verbringen den Winter wegen der Kälte und danken Ihnen die letzten Überlebenden meiner Gemeinde sind.

Ja, wir haben für unser Überleben hatten als unsere Chance, in einen großen Stein mit großen Zweibeinern gefunden zu haben. Sie hatten ein Feuer in der Nähe von dem wir in der Lage waren, zu überwintern. Ohne diese Chance, würden wir alle im Winter gestorben. Auf dem Weg, der uns hierher gebracht hat, fanden wir die Leichen vieler unserer Schwestern, länglich und im Gras getrocknet. Vielen Dank für unsere Schwester zu retten. Sie sind ein Kredit für die gesamte Familie der Insekten.

In einem Kreis um die Zikaden, Geselligkeit junge Arbeitnehmer fallen Antennen gegen den Boden eine dramatische Geschichte zu hören traurig. Sie enthalten keine andere Kolonie hat sie dazu beigetragen, den Verlauf dieser gefährlichen Saison zu überqueren.

-Jetzt Wir zu Ehren Ihrer Kolonie jeden Tag singen, wollen wir alle Lebewesen wissen, dass Sie die meisten guten Tiere auf dem Tier sind.

Junge Ameisen kratzen jetzt ihre Köpfe in ihre Beine nicht versuchen, ihren Stolz zu zeigen, wie die Art, die meisten im Vorfeld des Tieres erkannt zu werden. Sie beginnen dann um die Gruppe der Zikaden zu tanzen, die wieder zu ihrer Kredit in einem prächtigen Chor singen. Die Lieder und Tänze werden bis zum Abend erfolgreich zu sein und bei der Rückkehr in den großen Ameisenhaufen. Der alte Chamberlain ist am Eingang der Kolonie in der Firma des Leiters Soldat, um sicherzustellen, dass alle Einnahmen gut sind, bevor Sie den Stein ins Rollen, die die Ausgabe für die Nacht geschlossen und schützt sie vor nächtlichen Angriff.

Eine harte Tatsache.

Alle Ameisen sind nun zurück, und die Kurtisane Soldaten blockieren den Zugang für die Nacht verlassen. Die alte Ameise geht zu seinem täglichen Inventar und das Protokoll der Tag der Königin, wie jeden Tag des Sommers für Generationen gemacht wird. Es beginnt mit sorgfältig die Ergebnisse der Ernte des Tages zu studieren, aber dem üblichen Standard entspricht, nicht eine Menge zu finden. Sie erzählte und erzählte wieder, aber jedes Mal das Ergebnis ist die Hälfte von dem, was es sein sollte. Die Ameise versuchen, die Ursache für diesen Rückgang, ohne eine gültige Antwort zu finden. Der Verlust der Produktion durch den Winter des Todes wurde bereits in seinen Berechnungen einbezogen, so kann es nicht der Grund sein, warum er so viel verpasst.

Sie hat eine andere Idee, sondern lieber Rat von der Königin zu suchen, bevor es öffentlich zu machen. Diese Idee erscheint ihm als Sicherheit, wenn es vor der kleinen Höhle der Arbeitnehmer geht. aus ihrem Schlafsaal Singen, wenn sie sollten in voller Schlaf. Die Kurtisane erinnert an die Passage dieser Arbeiter vor ihr am Eingang der Kolonie und sie erinnert sich plötzlich, dass keiner von ihnen Last trugen auf sie zurück. Sie unterrichtet die Königin informieren, dass mit Entsetzen hören, die berichten, und lange wartet, bevor eine Lösung für dieses Problem gibt. Die Kurtisane schlägt vor, die Truppen gegen diesen festlichen Arbeiter, um ihnen anstatt zu singen zur Arbeit zu zwingen, zurück. Die Königin will nicht diese gefährlichen Methoden auf den Ruf von Anima zu hören, über erfolgreiche sie mit allen anderen Arten zu wachsen und zu bestätigen. Sie sind jetzt an der Spitze der Tier Reflexion und beabsichtigt, auch wenn sie an diesem Ort bleiben.

Es versucht, eine alternative Lösung, die Wellen nicht im Tierreich und die Kolonie zu machen. Diese Lösung wird auch unbemerkt für viele. Die Königin durch das Gesetz beschlossen, dass ihre Geburt zu mehr kleinere Arbeiter zu geben und das Tempo der Arbeit für alle alten Arbeiter erhöhen. Diese Arbeiter werden nicht gegen sie gehen und zu verstehen, dass es in der Zukunft der Gemeinschaft ist und es ist normal, ein Beispiel für junge Leute zu setzen. Sie sehen die gut in diese und wird sie auch bei der Arbeit zu erholen ihre Älteren helfen.

Während von dieser Maßnahme nicht überzeugt, grüßen die Kurtisane, die Größe des Urteils der Königin und seiner Hingabe an so selbst für die Kolonie machen wollen. Die Mini-Ameisen beginnen in einem schnelleren Tempo aus seinem Körper zu kommen. Die Königin sogar das Ziel von Ameisen zu wählen sie kein Soldat aus seinem Wesen Geburt und Blätter gibt. Sie gibt jetzt der Geburt an die Arbeitnehmer.

Der alte Kurtisane sieht mit Zufriedenheit das Niveau der Nahrungsmittelvorräte eine mehr als korrekt Wachstum fortsetzen und die Richtigkeit der Königin zu begrüßen können. Sie will noch mehr jüngere Arbeitnehmer, die weiterhin ihre Tage verbringen zu singen und tanzen in der Gesellschaft von Zikaden. "Vielleicht ist es gut für die Kolonie einen Teil ihres Fokus auf etwas anderes bei der Arbeit zu sehen? ".Es kommt sogar jetzt einen Anteil von seiner freien Zeit zu nehmen, die Gruppe Singen von Multi-Spezies-Insekten zu gehen hören. Es dauert manchmal mit ihr einige der alten widerspenstigen Ameisen, gegen Schimpfen, was scheint, ein Unrecht zu ihnen zu sein, während die junge Singen zu arbeiten. Sie findet es schwierig, aber immer mit diesen alten mürrischen auf die Bedeutung dieser Unterhaltung für die Jugend und den

Reichtum erzeugt durch den zunehmenden Einfluss zu
vermuten, dass diese neue Kultur erlaubt ihnen auf andere
Kolonien zu haben. Das Verständnis dieser Stand der Dinge wird
durch eine kontinuierliche Übertragung dieser Idee von der
Königin und alle ihre alten Berater während der Nacht und einen
guten Teil des Tages ständig verstärkt. Ihre Antennen
übertragen kontinuierlich diese Notwendigkeit zu sehen, junge
Arbeitnehmer als Wahrheit singen für Generationen und eine
Pflicht des Überlebens. Es ist sogar die anderen Kolonien, die
Gesandten im Laufe des Tages der Sonne schickt. Seit
Generationen sind alle Gemeinden der Ameisen großen Lichtung
an diesem Tag begrüßen, wenn die Sonne am Himmel ist länger
als jeder andere Tag, mit einem Tag ganz auf Nahrung und Ruhe
gewidmet. Und in diesem Jahr, wird die andere Kolonie kleine
Delegationen schicken Ameisen zu verdienen, um die Songs zu
genießen und Tänze, dass fortschrittliche Kolonie nun in der
Lage ist, mit Hilfe ihrer Freunde unerwartete Zikaden zu
erzeugen.

Angezogen von der Idee des Sehens schließlich ihre Kolonie vor
allen anderen leuchten, kehren sie immer an die Arbeit. Sie
geben sich jeden Tag nur eine Pause von auf einen Umweg zu
wachsen diese Lieder zu hören und diese wunderbaren Tänze
unverständlich für die Arbeitnehmer genießen nicht in der Lage
etwas anderes zu tun, als Go-Kart schwere Lasten auf dem
Rücken, wenn junge Menschen ankommen Intelligenz bei der
Schaffung von Schönheit zu demonstrieren.

Die große Veränderung.

Die Siedlung wurde für mehrere Monde in dieser
unverständlichen Situation gemacht für viele Spione Ameisen
aus dem dunklen Teil der Lichtung kam, um zu versuchen, die
Entwicklung der Kolonie, die das nicht akzeptabel im Winter
begangen zu verstehen und zu analysieren . Ihre Berichte sind
immer identisch Beschreibung von Gesang und nonchalant
Ameisen. Jetzt gibt es eine ganze Kategorie von Ameisen ohne
Aktivitäten und Klasse der Arbeiterameisen, die mit viel weniger
Fett bei niedriger Geschwindigkeit bewegen. Diese Arbeiter
können auch Pausen während des Tages zu nehmen.

Die Königinnen des dunklen Bereichs kämpfen, um zu verstehen,
wie es möglich ist, die Ameisen in frönen Handlungen gegen ihre
wahre Natur zu diesem Punkt degenerieren zu lassen. Man wird
die Vorteile der Windfall zu nehmen versucht, die Kolonie der
festlichen Angriff schließlich mit einer großen Ernte Kapazität
mit viel weniger Aufwand als in ihrem schattigen Bereich einen
sonnigen Gebiet zu erfassen. Es verzichtet auf den Betrieb auf
den Rat von anderen Königinnen, die es vorziehen, das Wohl
ihrer Kolonie, ohne die Notwendigkeit zu sehen, andere
Ameisen angreifen. Sie beschließen, die Spionage-Missionen aus
Angst, verlassen von Spionen eines Tages Wünsche zurück, um
ihre Erfahrungen zu teilen in ihrer Gemeinde in der gleichen Art
und Weise transformieren.

In der gleichen Angst, dass diese nonchalant Mentalität ihre
Kolonien übernehmen, Königinnen der östlichen Kolonien ihre
Anstrengungen vereinen und stellen ihre gemeinsam in einem
Projekt für den Bau eines großen Erdwall verstärkt Zweige

arbeiten Kommunikation zu verhindern diese neue dekadent
Geist in ihrem Gebiet.

Die anderen Kolonien mit Unverständnis beobachten, dass
Mauer, die zwischen ihnen steht und langsam diesen Kolonien
gebogen auf sich. Sie verstehen nicht, sondern nur feststellen,
dass ihre Offenheit ist der einzige Beweis für ihre Tiergröße.
Diese roten Ameisen ist wirklich sektiererische und umschlossen
auf sich. Sie würden gerne ihre Bahn zu gehen, treten sie, was
wirklich moderne fourmicratie zu lehren aber bei weitem nicht
die Zeit, die diese Flegel zu adressieren, sie bevorzugen, um
wichtige und nützliche Erholung unten zu gelangen. Sie sehen,
wie ihre Jugend zu singen. Alle Gemeinden sind nun von diesem
Virus des Songs und die Arbeit ist nicht mehr im Rhythmus des
Singens Antennen. Die Wellenantennen sind jetzt mit Liedern
gesättigt, und sie bewegen sich langsam in der gleichen Kadenz
schwankend auf ihren Körper, ihre schwere Lasten tragen.

Alle sind zufrieden mit der aktuellen Situation, und nur die alte
Kämmerer zu sorgen weiter, da die schlechte Saison nur zwei
Vollmonde ist. Königin Bemühungen sind jetzt unsichtbar im
Lager von Rückstellungen. Fehlen von mehr als die Hälfte der
Höhle vor der Ankunft des Winters und die Rate der Ernte
abgeschlossen ist viel zu schwach, um es zu erreichen. Sie läuft
warnen wieder auf die Königin der Gefahr ins Auge. Wie immer
hört die Königin seine wahre Kurtisane sorgfältig, aber diesmal
hat sie nichts gesagt, sagt sie nichts. Sie hat zugenommen, so
das Tempo der Geburten sie sich in einen Zustand der
Erschöpfung gefallen ist, die ihn einmal mehr die Kraft zu
denken, richtig gibt.

-Stop Leben geben ein paar Tage notwendig für die gute und das Wohl der Kolonie. Ich bitte dich, Königin, tun das für uns.

Die Königin zögerte, aber schließlich beschlossen, den Rat seines alten Freundes zu folgen. Es wird der Mangel an neuen Arbeiter Beine durch eine Mutation aller Soldaten in Arbeiter kompensieren. Sie sind robust und gehorchen, ohne jemals die Befehle Daten herausfordernd. Und inaktiv in dieser Lichtung in Frieden für viele Monde und viele andere Monde Zukunft, kann es nur eine gute Idee, um zu sehen, sie in die Reihen der Arbeiter verbinden.

»Aber wenn wir angegriffen werden, was sollen wir tun?

Königin eliminiert die Möglichkeit einer Antenne Rückschläge. Die anthill ist seit fast vier Winter nicht angegriffen worden, auch wenn es passieren würde, könnte es immer auf die Solidarität der Nachbarameisenhaufen verlassen und die Rettung ihrer Krieger. Sind sie nicht alle kommen, um ihre Gelübde der Allianz am letzten Tag der großen Sonne zu erneuern?

-Wir Leben in einer Welt des Friedens, der wir keine Soldaten brauchen. Selbst Kolonien ist nicht mehr eine Gefahr. Sie bleiben hinter ihrer Wand sie mehr verlassen. Diese Neuankömmlinge sind ein echtes Plus für uns. Sie haben das Risiko eines Krieges entfernt, und mehr, ist es sicher, dass im Falle der Gefahr, werden sie alle mein Herz in der Verteidigung unserer Kolonie setzen. Wir haben dazu beigetragen. Animal Logic schreibt vor, dass wir hin und her bewegen.

Die große animalitaire Website.

Die letzten sonnigen Tagen sehen immer junge Arbeiter ihr
Talent Zikaden Unternehmen in jedem Mond zu zeigen, etwas
mehr. Die große Geschichte der Zikade von der Ameise gerettet
hat alle Tierarten der Gegend gereist und jetzt ist es sogar
Zikaden versuchen, den nahe gelegenen Teich zu überqueren sie
zu verbinden. Die Gesang Ameisen haben auch festgestellt, dass
am Ufer in inerten floating angekommen. Sie haben viel Erfolg in
einigen, aber zu wenig für die Anzahl der toten Körper zu
speichern sie zufällig sah, auf ihrer Seite zu driften. Empört,
gingen sie um Hilfe bei der Ameise Gemeinschaft zu fragen. Sie
unterstützten es unzulässig sei für eine die diesen Namen
verdient der Ameise nichts tun, um die Zikaden zu helfen, zu
schwach, um die Weite des Wassers in einem Rutsch zu
überqueren, und es war ihre Pflicht Ameise sie auf den Namen
des Tieres zu helfen.

Sie versammelten sich für Tage, um eine Lösung für dieses
tragische Problem zu finden. Bedrängt von der Dringlichkeit
dessen, was ein animalitaire Katastrophe zu werden, haben die
Ameisen gegraben ihr Gehirn in jeder Richtung eine tragfähige
und nachhaltige Lösung zu finden. In zunehmendem Maße
besorgt über die wachsende Zahl von schwimmenden Leichen,

Ameisen haben ihre bautechnischen zurückgerufen und nahm die große Entscheidung, eine Brücke zwischen den beiden Ufern der großen Ausdehnung des Wassers zu bauen. Zikaden in der Sitzung haben alle diese wunderbare Geste gelobt. In ihren Liedern auf die Ameisen Großmut gewidmet kam lange Couplets auf Initiative und die Fähigkeit hinzuzufügen, um diese großartigen Gönnern großen Herzen zu schaffen.

Nur fand die Idee, die alle jungen Ameisen Geselligkeit treffen die Arbeiter und Krieger Arbeitnehmer bei der großen Ausdehnung des Wassers werden. Geleitet von der sozialistischen Jugend, Arbeiter und Krieger massierten zwischen dem Teich und einem großen Stein, auf dem die gesprächiger junger Menschen in der großen Stadt erwartet. Sie bewundert die schwarzen Massen unterhalb der imposanten Stein, Tür versammelt. Alle dort sind, sie nicht zu zweifeln. Tausende, sie gibt Tausende, wäre es möglich, eine Brücke zu über den Infinity-Pool zu machen, indem Sie das hintereinander auszurichten. Diese Lösung geht durch einen Moment seine Gedanken sofort aufgegeben werden. Sie weiß, dass sie schon haben kämpfen, um ihre neue Idee zu akzeptieren, eine lange schwimmende Brücke zu jenem fernen Ufer hinter dem Horizont verborgen zu bauen, dann bekommen sie das Konzept zu akzeptieren, sich selbst zu dienen von der Brücke ist völlig unmöglich. Sie kratzte ihre Antennen gegeneinander um die Luft zu löschen, bevor seine kleine Rede beginnen. Sie wiederholte den ganzen Morgen aber eine leichte Belastung ergriffen vor all diesen Arbeitern zu sprechen. Viele von ihnen haben noch nie von Leben gedacht, und es besteht die Gefahr, dass sie für ihr Projekt absolut nichts von der Notwendigkeit zu verstehen. Fast ebenso talentiert wie alle Geselligkeit, wurden sie dümmlich und Arbeit zu sterben geboren. Heute ist ihr diese Tausende von leeren Gehirne zu einem Anfang der Größe führen. Es ist ihr diese unfähig zu lassen sie sich schließlich für etwas, das größer ist als Parodie Tiere Stücke von Pflanzen und Würmer nützlich sein kann.

-Amies Ameisen große Ameisenhügel, heute ist der erwartete Tag vorbildlich Ameisen werden. Heute kam für Sie den ganzen Tag lang erwartete Show die Stärke unserer fourmicratie in die Welt der großen Lichtung. Wir haben allen zu zeigen, vor allem die Barbaren hinter dem Erdwall, dass wir die Scouts der Ameisenbär Genie Weg zu einer Lichtung, wo das Tier schließlich die gemeinsame Menge sein.

Aufmerksam auf jeden Schrott von Wellen, die von dem talentierten Lautsprecher ausgegeben, die Arbeitnehmer nicht verstehen, die Hälfte von dem, was sie ihnen erzählt. Wir brauchen die Geselligkeit Jugend rund um die riesige Gemeinde versammelt beginnen ihre Antennen aufrecht Peitsche es zuzuschlagen sie auch die schöne lyrische Öffnung applaudieren dies unbedingt wichtige Rede. Wenn wir sie erfüllt, kann es nur ein Thema von größter Bedeutung auszudrücken sein.

Das Verständnis, dass con schöne Rede nicht so leicht wie erhofft die talentierten sozialistischer Veränderungen völlig alles in diesen Worten zu verstehen ist. Im Bewusstsein, dass sein Text an der Spitze der Tier Prosa, sie geht auf ihre Enttäuschung nicht so verstanden werden, und applaudierte das Maß sein Talent, sich zu bringen, um eine einfachere Sprache begünstigt Wellen von einer Silbe zurückzukehren, zwei maximal zu nehmen erfolgreich die Aufmerksamkeit der Menge vor ihm weg. Improvisieren in einem kindischen Wortschatz, sie fühlt sich schließlich positive Stimmung, diese Anrufe entgegennehmen. Langsam stehen die dunkle Masse von Insekten, Antenne hier und da in immer mehr an Bedeutung. Die junge Ameise innerlich jubelnd, sein Körper erholt sich immer höher, bis sie von den vier Hinterbeinen getragen. Leiter wurde allgemein in dieser Masse, sie jetzt weiß, dass sie gewonnen hat, bleibt es für ihn alle bei der Arbeit, diese Idioten zu setzen für ihre neue große Sache.

Die brutzeln dieser Antennen füllt die Luft Wellen so stark, dass sie die Luft in alle Richtungen fahren auf der gegenüberliegenden Bank und eine andere Partei gegen die hohe Mauer von den Barbaren Ameisen errichtet teilweise zu gehen Absturz . Überall dort, diese unglaubliche brüllen Wunder empfangen, Sorgen oder an der Wende der Ereignisse freuen. Jeder reagiert nach eigenen Interessen, sondern das kleine Ökosystem reagiert auf die Kraft dieser Emissionen.

Versteckt hinter ihren Mauern Barbaren Ameisen sofort die allgemeine Mobilmachung starten und alle unwesentlichen Ameisen Produktionsaktivitäten sind, eine Kontrollstation oben auf der Mauer zugeordnet. So wird ein Viertel des anthill ist an der Wand gesehen platziert eine zweite Wand des Körpers vor dem uneinnehmbaren Festung zu bilden, die ein weiteres Viertel der Arbeitnehmer patrouillieren den dunklen Wald auf der Suche nach ausländischen bereit schützen auf ihrem Gebiet zu stürzen in feige angreifende von hinten. Lauern alle Barbaren Ameisen bleiben in lesbarer und sichtbarer Entwicklungen in ihren seltsamen Nachbarn auf der Seite beobachtendes Abwarten, wo die Sonne verschwindet.

Am anderen Extrem dieser riesigen Welt, die Bank gegenüber dem Verschwinden der Sonne ist auch in Aufruhr. Die Zikaden versammeln sich in Zahlen zu Wasser. Sie enthalten nicht alle der Cluster-Welle, die sie erreicht hat, aber sie wissen, dass sie von dieser Störung betroffen sind. Sie kommen zusammen und entscheiden, zu warten, um mehr über die Situation zu erfahren, nördlich des Teiches. Nur wagen die jüngste auf das Abenteuer einzulassen und die lange Reise trotz Sicherheitshinweise durch die weiseste alten gegeben versuchen. Diese unerschrockene Jugend vom Ufer entfernt und nach einer Weile, sie steigen. Begünstigt durch heiße Winde aus dem Süden, springen sie die höchste und ihre Flügel auf die starken Winde ruhen, die sie noch höher über dem Gewässer gefährlich tragen. Maximale Unterstützung bei ihren langen Flügeln, sie zwingen, ein wenig die höchste Höhe möglich zu erreichen. Nach einigen langen Minuten Mühe gelingt es ihnen, so hoch zu fliegen, dass sie endlich die viel geträumt Bank sehen können. Sie können endlich sehen, dieses Eldorado in Liedern gepriesen, die die stärksten Winde es zu den heißen Sommertagen tragen. Beruhigt durch diese idyllische Vision unterstützen sie noch stärker auf den Wind, desto schneller die Lichtung, dessen Lieder zu erreichen preisen den unerschöpflichen Reichtum.

Weniger sicheren Seite des unendlichen Reichtum der Reichen Kolonie, ist der Kämmerer des Verschwindens von fühlbarer Ameisen kontinuierliche Flut Nahrung in die Höhle Speisekammer gebracht besorgt zuerst. Sie hat nicht eine einzige Ameise gesehen Nahrung für eine lange Zeit geladen hatte, und fängt an, über das plötzliche Verschwinden der Lieferungen zu sorgen. Sie ist über eine Bestätigung der letzten zwei Soldaten auf der Hut vor dem Eingang zu senden, wenn die Atmosphäre gefüllt ist mit unverständlichen Wellen gesättigt zu

sein. Keine Welle ist zu hören. Antennen-Rezeptoren werden
taub für jede neue Aufforderung zur Abgabe und Chamberlain
und seine letzten beiden Soldaten wurden zum Schutz hinter
den dicken Mauern der Festung anthill zur Rückkehr
gezwungen.

Lässt man die letzten Soldaten an der Seite der Tür, die sie
bereit sind, mit schweren Stein zu schließen bei der geringsten
Gefahr, läuft es auf den breiten Gängen, die Königin zu finden.
Gestört durch diese unbekannte Situation in der langen
Geschichte der Ameisen, hofft sie, dass die Weisheit ihrer
Führer wird eine gültige Lösung zu finden, um das Rätsel des
Unerklärlichen Verschwinden aller Arbeiter zu verstehen und zu
lösen.

Verschanzt tief in dieser Galerie Labyrinth, fühlte die Königin
nichts von den vielen Veränderungen in der Umgebungsluft. Sie
legt ohne Unterbrechung. Sie legt Ameisen Babys zunehmend
gebrechlich. Die Rate, die zu Beginn der Saison verhängt wurde,
ist immer das gleiche, aber in dieser Nacht schnell die Qualität
der neu geboren zu werden. Diese Neuankömmlinge waren halb
so dick wie normale Ameisen. Enttäuscht zunächst, wurde die
Königin einen Grund, und versucht derzeit, davon zu
überzeugen, der Schöpfer einer neuen Generation von Ameise
zu sein hat eine höhere Intelligenz als die alten Ameisen. Es ist
fast der Wirklichkeit überzeugt, wenn ein Bericht nach, es ihm
eine zunehmend wichtige intellektuelle Kapazität aller Ameisen
in der Kolonie berichtet. Vielleicht weniger effizient bei der
Lebensmittelerzeugung, haben sie es geschafft Zivilisation in die
fourmicratie auf eine neue Stufe der Evolution der Tiere zu
bringen. Dies sind die einzigen der Lichtung haben einen
künstlerischen Sinn und ein Gefühl der Solidarität als starkes

Tier entwickelt. Sie haben den Song gemeistert, wenn ihre
Nachbarn nichts anderes als Bau gemeistert. Sieht gut aus, sollte
es gelingen, eine praktische Möglichkeit, bei der Suche nach
diesen neuen Eigenschaften zu nutzen, um die Aura seiner
Kolonie zu strahlen.

Tief in Gedanken, sie ist von dieser Meditation durch den
Kämmerer entfernt verstört geschieht unter dem verstörten
Blick dieser Hebammen zu schütteln. Sie haben noch nie in
einem respektlos Stufe des Protokolls unterstützt. Siehe die
Königin bei der Arbeit von Chamberlain Panik geschüttelt
werden. Es ist das Ende der Lichtung, wenn der weise alte
kommen die Grundregeln zu vergessen. Denn das, was immer so
respektvoll von Traditionen gewesen ist, dass ein solcher Bruch
des Protokolls ist, dass die Kolonie tödliche Gefahr konfrontiert
werden sollten. Das Ende der Lichtung hat in der Nähe sein. Sie
halten in Erinnerung all die Geschichten von von riesigen
Zweibeiner gnadenlos und schon sehen sich als Opfer dieser
destruktiven legendären unbesiegbar zerstörten Siedlungen.

Die verachteten und verspotteten alt.

Der alte Chamberlain erklärt schnell auf die Königin, was sie von
der Situation außerhalb der Kolonie kennt. Endlich Details sie
die Plötzlichkeit des Verlustes der Arbeitnehmer. Die
ununterbrochene Säule der Arbeitnehmer hat ohne Vorwarnung
verschwunden, nie wieder zu erscheinen. Das Nachdenken über
eine mögliche äußere Aggression eines schrecklichen Riesen

zweibeinigen, sie setzen Sie den Eintrag für maximale Sicherheit. Scarlet Vergangenheit auf der Skala der Gefahren, ist das Nest bereit, von niemandem in einem Augenblick in eine uneinnehmbare Festung verwandelt zu werden, die sie wagen würde angreifen.

Und nun, meine Königin, was sollen wir tun?

-Partez Auf der Suche nach Arbeitskräften. Wenn Sie tot finden oder Sie finden sie nicht, wird es Zeit, uns zu evakuieren über den Schutz der alliierten Kolonien der Lichtung zu verlassen.

Bewaffnet mit diesem beruhigenden Möglichkeit, verlässt die alte Ameise das Zimmer der Königin nach einem langen Bogen mit der ganzen Kraft seiner alten Beine entlang der endlosen Korridore der Erde Bau zu springen. Sie erreichte schnell den Ausgang, eine endgültige, um die Posten gibt, die den Stein rollen Raum für den Durchgang eines einzelnen Ameise zu verlassen. Sie werden dann in einer defensiven Position gebracht. Man ist bereit, den Stein bis in seine Endlage an der gegenüberliegenden Wand unter dem Befehl des zweiten platziert Ameise Beobachter zu rollen suchen die geringste Ahnung von feindlichen Präsenz auf dem Horizont. Sie sind bereit, ihre Mission zu erfüllen, der die Kolonie ohne jede Befürchtung zu speichern, und sieht den mutigen Kopf tapfer weg von ihnen in Richtung einer unbekannten Gefahr auf die Gefahr seines Lebens zu bewundern. Sie ist bereits verschlissen, so durch das Gewicht der Jahre auf, wie wird es jeden feindlichen Angriff Gesicht tun? Gehen Sie Sorgen um sie mehr als für sich selbst, Sentinel-Ameise Antennen kreuzte der Hoffnung, Glück zu bringen, dass sie lieben würde, ihn wieder

gesund und munter hinter den Wänden zu sehen, die geboren
sah.

Ankunft in der Nähe der Spitze der nahe gelegenen Hügel, damit
die alte Ameise eine Pause seinen müden Körper zu erholen
ungewöhnliche Anstrengungen, damit sie jetzt zur Verfügung
stellt. Mächtige Wellen werden immer stärker für die Antennen
der alten Ameise. In einem beruhigenden Gefühl, in die richtige
Richtung zu kennen, ist die alte Ameise doch immer erschrocken
von dem, was sie finden können. Seine Hinterbeine zittern unter
ihr. Es versucht, zu motivieren und läuft auf allen Vieren zu
seiner Rückseite für einen letzten Blick auf die Kolonie, die es
versprochen hat, bis zum Tod zu dienen. Noch trotz der
Entfernung zur Einführung, die sie von der Ameise trennt, ist
dieses Gebäude ein wahres Meisterwerk der Ingenieurs
Ameisen. Es gibt keine andere so groß und schön. Genau dies
die Vision von der Wahrheit seiner Sendung verstärkt und den
niedrigen Preis seines Lebens in Bezug auf die Nachhaltigkeit der
Zivilisation, die zu schützen, was auch immer den Preis
verantwortlich ist, war er, dass seine eigenen Tod es sollte es
doch tun. Das Bild der gedruckten Geburtskolonie in ihrem Kopf,
sie versteift ihr Körper den Aufstieg dieser endlosen Küste zu
beenden.

Schritt für Schritt überquerten seine Pfoten die letzten Längen
von Insekten, die den oberen trennen, wo er anhält, wie
versteinert, sobald er den Grund für all diese Umwälzungen
entdeckt. Zwei Meere unter seinen Füßen ausgebreitet. Es gibt
einen hat sie immer bekannt ist, sehr groß und blau. Stille
Zuschauer der Szene, die die alte Ameise schockt, ist es immer
noch nicht bewegt, ungerührt überhaupt, sie hat schon andere

gesehen, obwohl diese neue Meer ist das schönste, was sie ihre Margen sehen konnte .

Erschien in den Tag, das neue Meer voller Aufregung. Es ist eine Folge von Wellen von immer dicht beieinander, die den eindringlichen Ruf des kleinen schwarzen Schaum auf seinem großen Stein thront treffen. Die alte Ameise erkennt die führende Leiter der Nachwuchs Geselligkeit als eine, die das Niveau dieser Flut von Ameisen aufwirft. Ihre Position, sie hört nichts harangues, die den jungen sozialistischen aus seiner Stange wirft und ist gezwungen, näher an das Maximum zu bewegen beginnen zu verstehen.

Die riesige schwarze Meer verwandelt sich in eine Vielzahl von Ameise, die voneinander unterschieden werden können, wenn sie schließlich gelingt, jede Welle der Rede des jungen Führer zu erkennen.

-Wir Sind die fortschrittlichsten Insekten, wir unseren Reichtum mit den weniger glücklichen Insekten teilen müssen, anstatt alles zu uns halten egoistisch alle unsere Anima riskieren, sind wir die Rechte Insekten Kolonie. Wir müssen leben bis zu unseren Ruf durch die große Lichtung. Zeige die Barbaren von den Schatten, was das Tier wirklich Fortschritte.

Die alte Ameise glaubt nicht, ihre Antennen. Diese unbewusste junge Tackles, ohne irgendwelche Beschwerden zu der traditionellen Hierarchie der Gesellschaft von Ameisen. Sie spricht aus, als ob es ein weiser Ratgeber der Königin war. Aber

wie nehmen sie diese Überlegenheit zu zeigen, dass jeder
bereits weiß?

-Durch Zikaden unseren Freunden zu helfen, können wir unsere
Großmut zeigen. Bauen Sie diese Brücke zwischen den Banken.
Bauen Sie diese Brücke zwischen Insekten für eine bessere
Zukunft. Bauen Sie diese Brücke für eine gerechte Zukunft!

Ant Meer erhebt diese klugen Worte. Alle Zuschauer haben sich
auf die Hinterbeine erholte sich der junge ihrer hohen gen
Himmel Antennen aufgeschlagen zu jubeln Geselligkeit.
Erschreckt von diesem Spektakel, macht sich die alte Ameise in
Richtung der von der jungen revolutionären besetzten Wende.
Sie kaum klettern die großen Top-Kieselstein, den sie mit Buh-
Rufe von den jungen Lautsprecher verursacht begrüßt wird.

-Look, Das ist der alte totalitären Wache nur versuchen, uns zu
verhindern, dass unser Schicksal zu erreichen. Schande über die
alte retrograden privilegiert. Schande über den Feind des
Fortschritts.

Ein Buh-Rufe Brandung auf den Felsen zu den Antennen Klettern
empört die alte Ameise, die nicht beeindruckt. Sie legte auf
seinen Status und Erfahrung zu bringen, diese unbewusste
Masse zur Vernunft. Seine versteckte Angst hinter der
teilnahmslos Maske, die sie gelernt hat, im Laufe der Jahre zu
tragen, startete sie in eine Lobrede auf Ameisenhaufen
Traditionen und das Interesse, das Überleben und den
Wohlstand der Kolonie zu verteidigen.

Da die alte Ameise, die Menge zu Vernunft zu bringen versucht, nähern sich die Flüge Zikaden sanft die Bank der Lichtung. Das am weitesten fortgeschrittene der Zikade kleinen Geschwaders sieht die Küste näher mit Zufriedenheit. Einzelheiten der Bank werden immer genauer. In einer geraden Linie wird das Ufer langsam eine Reihe von kleinen Kurve mit mehr oder weniger ausgeprägten eine seltsame schwarze Pfütze bewegte seltsam angrenzt. Die Wellen gehen nicht in die gleiche Richtung wie die, die er fliegt über die Oberfläche bläulich laufen. Diese schockierende Detail seine rationale Geist, der immer gelehrt hat, dass die Wellen in der Richtung des Windes gehen, nie umgekehrt. Wie ist das möglich?

Sie ist ein Zögern vor diesem seltsamen Phänomen zu nehmen und scheint nicht der einzige zu sein. Die Zikade an seiner rechten Seite fliegt stoppt für einen Moment seine Führung Schweben zu bringen, bevor die Lösung Vorwärtsflug zu nehmen. Es war ein fataler Fehler mit dem stationären Übergang viel mehr Energie als die einfachen horizontalen Flug. Müde über die Maßen von dieser unerwarteten Energieaufwand, versucht es auf dem günstigen Wind zu bauen, aber in Ohnmacht fiel tief. Kann nicht ohne Befehl des Gehirns des Insekts zu bewegen, Flügel alle Bewegungen einzustellen und die unglückliche Zikade zu seinem Schicksal überlassen. Die Schwerkraft zieht mit zunehmender Kraft das Tier mit einer Geschwindigkeit zu fallen, die so schnell wächst, dass er seinen Körper nicht halten kann, wenn sein Geist in die Realität zurückkommt. Es bringt all seinen Willen zu arbeiten, um die inerten Flügel zu bewegen, aber nicht mit den Wind gleitet gegen ihren Körper einsetzen, legt sie alle ihre letzten Energiereserven und fallen ohne Hoffnung auf die Oberfläche

des Teiches, dass es wirkt sich nur wenige Meter vom Ufer
entfernt.

Die Heuschrecke fliegt immer noch Kraft noch ein letztes Mal
auf den Flügeln sie den Wind sie gelernt, geschickt verwendet zu
zähmen. Es erhöht seinen Auftrieb durch den Einsatz unter ihre
Flügel den Pfoten weg und erreicht keine Kraft mehr auf die
Küste der Lichtung zu erreichen. Müde, zwingt sie auf seinen
Flügeln auf ein Minimum. Es gibt nur genug Energie, um seine
Flügel schlägt seinen Abstieg zu behalten. Sie will nur seine
Flugbahn zu steuern, und ein letztes Mal zwingen, seinen
Abwärtstrend und landen auf dem Boden zu korrigieren, anstatt
auf dem Wasser. Kann nicht schwimmen, sie weiß, dass die
blaue Oberfläche sicheren Tod verurteilen, wenn sie identifiziert
wurden.

Inzwischen gelang es der alte Ameise fast das Herz des
Publikums zurück zu gewinnen. Gewidmet, um die Ursache für
das Überleben der Kolonie, sie sind in der Nähe, das Projekt von
Geselligkeit, die jungen Ameisen vorgeschlagen zu verlassen, um
ihre traditionelle, arbeitsintensive Tätigkeit zurückzukehren.

Öffentliche Gefühl ihrer Flucht, die Geselligkeit junge Menschen
schauen tief in sich selbst einen Weg, um die Flut der Ameisen
für ihre Sache zu bringen. Sie wollen diese Brücke zwischen
Insekten gebaut werden. Sie wollen, dass die Brücke in ihre
Zukunft ihrer Schöpfung, ihr Zeugnis für zukünftige
Generationen. Sie hören die Menge alte Chamberlains jubeln
Ameise, wenn man eine junge Geselligkeit Gelegenheit sieht.
Der Körper eines inerten Zikade gerade an der Küste von einer
Welle gebracht worden. Gestrandet auf der Erde Bereich, hat

das arme Insekt nicht zulassen, das geringste Lebenszeichen erscheinen. Ganz still wird angenähert durch die Zikade atemlos am Rande der Bank des Territoriums der Lichtung gelandet. Der junge Sozialist bewundern emotional das Verhalten der halbtot Zikade, dass in der Nähe seiner toten Schwester gelandet.

Die Zikade Atem erreicht den nicht mehr existierenden es auf der Erde vom Strand ganz trocken ableitet. Getragen von diesem letzten Versuch, lässt sie sich auf den Flügeln fallen, während inerten Mandibeln seiner Schwester gegen sie zu halten. Traurig zu sehen, denen es gelingt, seine Schwester das Leben verließ sie leise ein Lied der Tribut an den Mut seiner verstorbenen Schwester singt.

Oberhalb der Masse geschieht schnell ein Stück flach requiem den Zikaden bereits auf dem Gebiet. Diese, beeinflusst durch die Intensität des Songs durch ihre ähnliche Antwort gespielt hallte diese dramatische Stück. Sie fühlen sich nach der Melodie sie einem höheren Geräuschpegel durch ihre Energie von einer ganzen Nebensaison nur ihr Wohlbefinden dienen, erhalten genau reproduzieren. Das Echo ihrer Songs reagiert auf das Lied des unglücklichen gestrandeter. Die traurigen Noten werden über die Menge trat nun durch die Rede des alten Ameise erobert, die die Spill nicht mehr zu. All die kleinen schwarzen Antennen sind jetzt stach die schöne melancholische Lied die Zikaden emotional emittieren zu hören. Die Traurigkeit des Todes ist schwanger für all die kleinen Ameisen. Sie könnten, würden sie zu diesem Lied weinen Hören sie nicht verstehen, die Logik jetzt gespielt.

Es nimmt die Intervention der Geselligkeit jung, um sie zu verstehen, was geschieht. Auch auf dem Felsen neben dem alten egoistischen Ameise, sie packte Bits von schrecklichen Wellen auf das Drama gespielt wird. Nach einem Überblick über die Antennen, konnte sie das Paar von Zikaden auf dem nahe gelegenen Ufer zu sehen. Unmittelbar berührt das Herz beim Anblick dieses sterbende Insekt gegen sie drücken bereits toten Schwester, die junge sozialistische Säge in dieser Szene eine Chance. Er unterbricht die alte Ameise in seiner Rede direkt aus dem Bauch eines schmutzigen Tier die Aufmerksamkeit der Menge auf dem Drama wird gespielt in einem Bereich von Antennen ihnen versammelten sich zu gewinnen.

-Look Was passiert, während du sprichst! Sehen Sie sich diese unglückliche Zikaden ohne Hilfe zu sich selbst überlassen! Sehen Sie diesen Tod, die Sie mit Ihrem Wunsch helfen nicht ein wenig von Ihrer Komfort zu teilen wollen! Sehen Sie diesen Tod, die Ihren Egoismus geholfen! Ist das Sie, dass künftige Generationen von Ameisen wollen? Ist das alles, sind in der Lage Sie erstellen?

Junge Menschen Ameisen versammelten sich um die Versammlung versammeln, um ihre Stärke zu sozialisieren einen Chor als Reaktion zu starten. "Nein", riefen sie alle mit ihren Antennen mit dem Ziel des Spielens, die erfolgreich die große Stärke des fourmicratie macht. Und der Erfolg gibt mit all diesen Arbeiterameisen, die die harte Arbeit von Tausenden waren unfähig, jeder sich selbst Willen gemacht. Gemäß der Basis des fourmicratie, lassen sie alle dem Prinzip, dass die Voice-Nummer, die Stimmen der Vernunft ist notwendig und betrachten ihre logisch, dass diese viele riefen ihre beiden Seiten ihrer Masse erreichen, sind die Stimme der Vernunft, und sie echo ihn zur Freude Ameisen von Geselligkeit.

-Keine !!! Die Antennen treffen sich auf dem höchstmöglichen diese Frage ohne weitere mögliche Antwortquote zu schreien.

-So Unsere Schwestern Insekten speichern. Speichern Sie unsere Freunde Zikaden, die wie wir leben wollen. Bauen Sie diese Brücke zwischen den Kulturen. Bauen Sie die Brücke in die Zukunft. Bereichern Sie uns an unsere Anima.

Eine gesunde Brücke zwischen den Kulturen.

Motiviert durch die überzeugende Rede des jungen sozialistischen ant viel wie das Drama direkt vor ihnen gespielt wird, greifen die Arbeiterameisen sofort auf den Bau von dem, was es ihnen ermöglicht, die unglücklichen Zikaden auf der Suche nach zu sparen eine bessere Zukunft. Eine kleine Gruppe Hilfe Anteil der traurige Zikade in Agonie am Strand. In Tränen, erhielt sie mit Glück diese unerwartete Erleichterung Ameisen, die auf den Rücken nehmen sie und ihre verstorbene Schwester, mit Zikaden bereits in dieser Oase der Reichtum zu nehmen, die reichen westlichen Kolonie die Lichtung. Zikaden begrüßen den neuen Ankunftslied mehr Solidarität zwischen Insekten der neuen Ankunft zur Freude zum Ausdruck, schnell von diesem herzlichen Empfang wieder zu beleben. Sie schütteln Bein gegen Bein. Ihre Wärme kommunizieren sie sich schnell um den Toten Zikade sie schauen mit großer Trauer von Ameisen begraben zu werden. Sie zeigen die Felder, die einst die letzte shovelful ihre

Schwester verantwortlich von den Mandibeln von Ameisen zurückgewiesen der Bestattung des Verstorbenen. Zu traurig, konnte Zikaden nicht selbst das Grab ihrer Schwester graben. Sie haben daher die Last auf Ameisen bei der Arbeit gewählt Jugend Geselligkeit bezeichnet zu ermöglichen, den Solidaritätsbemühungen für das Tier und die Solidarität zwischen den Insekten zu koordinieren.

Arbeiter eilen alle am Rande der Weite des Wassers und zur Verzweiflung der alten Ameise Kämmerer, der den Abfall läuft schneller als seine Füße ihn fast leer Kolonie ermöglichen.

Als er ihr mit einem verstörten kommen, kann der Beobachter mit der Angst vor einer Invasionsarmee gehen aber die alte Ameise in zwei Worten erklären folgen, die die Gefahr von innen kommt. Der Zuschauer versteht nicht, was sie meint, und nimmt seine Position unmittelbar nach der Passage des Kopfes aufgeregt. Dies geht mit der Königin einen Bericht der beunruhigendsten zu machen.

-Alle Ameisen folgen Aufträge Sozialisierung junger Menschen. Sie wollen eine Brücke an die Südküste der großen Ausdehnung des Wassers zu bauen. Sie wollen nicht an, dass zu arbeiten. Wie können wir einen ausreichenden Bestand an Nahrung für die Armen kommende Saison zu gewährleisten tun.

-N'aies Angst, wird dieser Wahnsinn bald sie passieren, und alles wird bald wieder zur Normalität zurückkehren. Darüber hinaus sind Neulinge größer als wir, und sie werden uns noch bringen größere Mengen von Lebensmitteln helfen.

-Nicht Meine Königin, sind Neuankömmlinge nichts. Sie singen und essen, aber nie funktionieren. Sie tun nichts.

Vereitert von diesen Beschwerden, bringt die Königin den alten Grund offiziell.

-Sie Sagen nichts. Nie ein Insekt, das das Leben eines anderen Insekten ist das Speichern kann nicht untätig bleiben und wird nicht danken seinen Retter seine maximale Festigkeit verwenden. Sie wandern und eine Tierwelt erfinden, die nicht existiert. Die Zikaden sind wie jedes andere Insekt, sie arbeiten immer noch gründlich ihre sauveuses danken.

-Aber Meine Königin, ich verspreche Ihnen, sie absolut nichts zu tun.

Halt die Klappe unverschämt. Sie wissen nichts. Was Sie mir sagen, kann nicht in der Welt der Insekten existieren. Suchen Sie nur Verwirrung zu stiften Ihre Zukunft Mißmanagement von Reichtum aus der Kolonie zu rechtfertigen. Geh mir aus den Augen, und kommen nie wieder zu mir, dass, wenn Sie wirklich die Größe verstanden, was jetzt geschieht. Ein junger Geselligkeit Ich habe bereits einen Bericht, und es ist viel mehr klarsichtige als das Gewebe von Lügen, die Sie mir gerade raus. Vergessen Sie nicht, dass mit dieser Hilfe, die wir zu unseren Freunden geben, unsere Kolonie eine Zukunft extravaganter hat.

Konfrontiert mit dieser überraschenden Haltung der Königin, verlässt die alte Ameise eine Idee der Veränderung seines Geistes und kehrt in seine verzweifelte nicht, um zu sehen, dass selbst der klügste von ihnen nicht der Realität stellen will. Der weiseste einfach von ihnen berichten von denen kommen, die die Ursache aller Probleme sind zu kommen. Die alte Ameise kämpft, um die Nachrichten zu assimilieren. Sie verließ die Höhle auf den Thron ohne Respekt für Protokoll. Sie kann sich nicht Ehrfurcht auf diese unbewussten ant bringen zu biegen sieht als eine Möglichkeit, die aktuelle Situation zu geben, seine Autorität Jugend Feuerfest- wiederherzustellen. Sie ist empört und zu sehen, was in der Nähe der Banken ihres Landes zur gleichen Zeit passiert.

Alte Panik Ameise die Geschwindigkeit wurden, bei der Entdeckung Ereignisse gekettet. Einfache Protestkundgebung, wandte sich die Ameise Meer in eine unzählbare Schar pontonnières. Sie entdeckt eine echte anthill (kein Wortspiel beabsichtigt) beschäftigt in der Schaffung einer gigantischen Brücke. Die Arbeit, die gekoppelt sind, die Arbeiter sicher Bau der imposanten Kolonie für einen einfachen Spaß-Spiel gehen wird als nächstes zu dem, was sie durch dieses riesige Ausdehnung des Wassers zu erreichen werden. Die Arbeiter versammelten sich in drei getrennten Gruppen.

Die erste Gruppe der Arbeiter schuften in der Verfassung der Bestand an Materialien für große Bau benötigt. Ihre traditionellen Sinn der Organisation ist wieder bewiesen, mit wissenschaftlichen Personal Verfahren. Aufgeteilt in viele kleine Teams, teilten sie auf intelligente Weise die Aufgaben. Eine Gruppe schneiden die größeren Blätter in den Wald, während die anderen beiden Gruppen bucheronnent Blätter und Zweige sie neben dem Flugblatt am Rande ihrer beeindruckenden Abholzung Seite angehäuft.

Unter der Aufsicht von jungen Geselligkeit Ameisen, kleine Haufen von Materialien schnell in echte kleine Hügel, über die die Geselligkeit jungen Menschen besiedeln drehen wachsen stärker Aufträge in diesem Gemüse Karriere tragen. Sie bestellen mehr logische Speicher mit Zweigen, Gras und Blätter gestapelt durch Größe zu erhöhen. Sie sind stolz auf diese Organisation als ihre Geselligkeit Schwestern verantwortlich für Materialien verwandelt sich mit einem Wirkungsgrad der Transport von ihnen vergleichbar ist.

Posted in regelmäßigen Abständen entlang der überfüllten Boden der Arbeitnehmer das große Hindernis durch, die sie überqueren haben versprochen, wiederholen sie unermüdlich die gleichen Anweisungen an die Arbeiter, die sie überlastet drängen, das Tempo zu erhöhen. In Anerkennung der Unfähigkeit aller dieser Arbeiter die Bedeutung dieses Projekts um wirklich zu verstehen und die Notwendigkeit, so schnell zu beenden, drücken sie Arbeiter, ihr volles Potenzial. Sie können nicht verstehen, dass das Ende des Sommers immer näher. Zwangsgelder für harte Arbeit seit der Geburt, können sie nicht die höchsten Kapazitäten darin haben, dass alle Geselligkeit haben, und Jugend im Geiste entwickelte sich ihr in jedem Moment mit dem Genie der Organisation beweisen, dass sie setzen arbeiten jeder Phase der Konstruktion zu optimieren.

Sie legen die schwächsten der alten Arbeiter am Kreuzungspunkt der wichtigsten Versorgungsrouten. In Fraktion sorgen diese sentinels den Verkehrsfluss auf den Spuren gesehen und den Fluss zu stoppen, wenn sie von einer Ameise mit einem voluminöseren Blatt als andere geladene Schalt. Mit dieser Beratung wird die Website durch angespannte Ströme mit Strom versorgt und arbeiten zu nutzen, die schwimmende Brücke Montage kann ohne Unterbrechung arbeiten. Zur Freude der jungen Menschen zu sozialisieren, hält die Website nie den ganzen Tag. Sie sehen glückliche Arbeiter werden pontonnières fourmisme die Technik anwenden, um die Fortschritte des Montagewerks über die weite Ausdehnung des Wassers zu erhöhen.

Aufgenommen in diesem kreativen Impuls, werden die jungen Menschen überquellenden Erfindungs Geselligkeit. Einer von ihnen schaffte es sogar, eine Technik, die sie fourmisme genannt, in Gedenken an ihre Spezies so weit fortgeschritten zu finden. Es bietet alle anderen Geselligkeit zu tun, jede Arbeit eine und einzige Aufgabe zu erfüllen sie kontinuierlich verbessert unendlich mit einem Wirkungsgrad wiederholen. Dieser Vorschlag des großen Geselligkeit wird einstimmig bei einer Abstimmung verdient ihre große Zivilisation von allen ihren Schwestern angenommen.

Zum ersten Mal in jeder Tiergeschichte wurde eine Entscheidung von einer Gruppe von Insekten genommen. Sie kam die Geselligkeit schließlich Geburt zu einem echten fourmicratie zu geben. Sie gebar die am weitesten fortgeschrittenen Entscheidungssysteme mit der Montage der intelligenten Ameisen zustimmen mehr, anstatt egoistisch Entscheidungen von einer einzigen Ameise geführt auferlegt werden nur von seinen primitiven Instinkt und Beratung monarchischen Königin.

Alle glücklich mit ihrem neuen fortgeschritten, sind eine
Herausforderung sie diese Technik fourmisme in allen Phasen
der Konstruktion anzuwenden. Applied Arbeiter akzeptieren
leicht, diese neue Organisation der Arbeit und loben die
Intelligenz dieser jungen Menschen zu sozialisieren entdecken
die Geschwindigkeit der Aktion, die sie mit dieser Arbeitsteilung
erreichen. Die Blätter ist in einem unglaublichen Tempo vor der
Geselligkeit zusammen auf der Bank durchgeblättert.

Bewundern alle ihre Werke, sie sehen die Arbeiter in alle
Richtungen drehen wird. Sie müssen nicht lange warten, um zu
sehen, dass ihre Anweisungen auf das Schreiben befolgt
werden. Die unverständliche Schwärmen verwandelt sich
schnell in eine mechanische Arbeiten an den vielen perfekt
aufeinander abgestimmt. Stolz, aber durch die harte Arbeit der
Organisation getragen sie nahe kommen, geben sie sich eine
wohlverdiente Pause, bringen sie einen sehr schwarzen reifen
durch Arbeiter, die die ruhige Arbeitsförderzweig schnell
zurückgegeben werden .

Blackberry wird sofort von der sozialistischen Jugend umgeben.
Im Gegenzug sinken sie ihre Mandibeln in die saftige Frucht
ihrer Bemühungen zu belohnen. Sie schweigen, um das
Schauspiel ihres Erfolgs zu genießen, bis die Zikaden beitreten
kommen die bereits um die Früchte gesammelt bereits
entwässert aller belebende Substanz. Stolz, sie beschreiben ihre
Freunde die Art, wie sie die Website organisiert haben, auf ihre
neue Erfindung von fourmisme darauf zu bestehen, so dass sie
die Geschwindigkeit des Aufbaus zu verdoppeln. Sie denken, sie
können die gegenüberliegende Ufer vor der schlechten Saison
erfolgreich erreichen zu argumentieren.

-Ihr Unfortunate Schwestern sollten in unserer Kolonie vor der Ankunft der Kälte sicher sein.

Die Zikaden begrüßen diese gute Nachricht durch die Ausgabe von langen Schallwellen, die alle Frequenzen reisen ernst und langweilig zu akuten als Sieger und fröhlich pfeife passieren hörten sie ihre Kameraden immer noch hoffen, in Elend auf der anderen Seite der Teich. Dieser Sound Ovationen Ausweise für einen Tribut an die sozialistische Jugend einer der Arbeiter hagelt ihre neuen Blackberry zu dienen mit ihren Freunden Zikaden zu teilen. Die ausschweifenden arbeiten diese Frucht zu bringen, wird nun vollständig von der Website abgelöst, dass es mehr Zeit zu verbinden hat. Die Geschwindigkeit, bei der die Vakuumanordnung euphorisch Fruchtsaft verurteilt, den Rest des Tages mit Shuttles zwischen dem Lager von reifen und ständig Bank zu verbringen.

Zikaden singen begleitende libations Ameisen unter dem unbewegten Blick aller Arbeitnehmer bei der Arbeit zu sozialisieren. Einige wollen in dieser Orgie teilnehmen je gesehen, aber ihr Instinkt wird schnell über diese völlig ungeeignet Überlegungen. Wie die diesen Namen verdient Ameise könnte aufgeben seine Arbeit in der Freizeit zu gönnen, ohne den Auftrag von der Königin empfangen hat, sich über die Antennen von einem seiner Berater? Das hat noch nie gesehen und diese unglaubliche Massenarbeiter beabsichtigt, weiterhin treu den Gehorsam seiner Linie Tradition zu folgen. Dieser große schweigt weiter, ohne eine einzige unnötige Welle langen Bauarbeiten dieser Brücke zwischen Insekten. Sie ist weiterhin eine Chance auf diese gegenseitige Bereicherung zu geben, dass die Sicherheit Spende für das Leben von Zikaden gegen das Glück des Sehens eine Erscheinung Unterhaltung für Ameisen ist. Diese Win-Win-Vereinbarung teilweise ausgeführt wird, wie die Arbeiter sehen können. Sie arbeiten während Geselligkeit junge Menschen die Zukunft der Untätigkeit von Ameisen Zikaden vor dem sicheren Tod gerettet angeboten erleben.

Der Ruf nach einer interkolonialen Solidarität.

Die große Masse still ist nicht der einzige, der diese Orgie Szene zum Trotz die elementarste Begriff der Solidarität bei der Arbeit durchgeführt, um teilzunehmen. Immer in der Nähe der großen Stein, der als Podium bei der verbalen jousting war sie gegen die junge sozialistische Führer geliefert, die alte Ameise Chamberlain Verzweiflung vor dieser inakzeptablen Leistung für jede vernünftige Ameise. Aus der Ferne kann man die rasante Entwicklung des Stands der Geselligkeit Ameisen folgen. Die Tänze, die rund um den Sänger Zikaden bilden, sind zunehmend ruckelt. Sie fallen und in den Schenkeln des anderen gefangen, um am Ende jedes Mal fallen umständlicher. Es besteht kein Zweifel, für die alte Ameise, die Geselligkeit jungen Menschen die reifen süßen Saft missbraucht haben. Ferment schnell in trockenen Insektenkörper, der köstliche Saft verwandelt sich in ein gewalttätiger Alkoholiker, die Nerven Ameisen dauert, bis sie die vollständige Kontrolle über ihren Körper verlieren.

Das ist zu viel für die alte Ameise, die gezwungen ist, die Königin der Schwere der Ereignisse zu gehen und zu informieren. Von betrunkenen Ameisen haben über die ganze Arbeit des anthill zu einer nutzlosen und gefährlichen Gebäude für die Zukunft der

Kolonie genommen, die jede Samen mehr betreten seinen Mauern sieht oder den kleinsten Wurm noch unverzichtbar. Sie befürchtet, dass dieser Mangel an Versorgung kommen wird, die Kapazität des anthill negieren die schlechte Saison zu überqueren.

-N'aies Lieber Rätin Angst. Sie kennen die Weisheit meiner Entscheidungen. Ich dachte lange und kann Ihnen versichern, dass diese Arbeit und den Zustrom von neuen Tabs für die Zukunft unserer Clearing eine echte Chance ist. Wie ich schon sagte, und ich werde es sage es noch einmal, bis Sie verstehen, wie bereits alle Arbeiter der Kolonie verstanden. Wir sind die Spitze des Fortschritts Ameisenbär Welt.

-Aber Meine Königin, all diese Münder unproduktiv zu ernähren. Wir piochons unsere Reserven, aber in dieser Saison, sollten wir sie wachsen zu lassen versuchen, zu. Wie werden wir im Winter kommen?

-N'aies Lieber Rätin Angst. Wie ich bereits gesagt habe, andere Siedlungen wird uns durch diese schwierige Zeit zu helfen. Wir haben immer passiert ist und wir immer gehen. Sind wir nicht die größten Kolonien von sonnigen Gebiet.

-Vielleicht, Dass die Solidarität unserer Gemeinschaft die siebenundzwanzig Nester werden mir zustimmen, uns Lieferungen zu bringen, sondern, wie wir werden sie es senden, wenn flockig Wasser werden alle das umliegende Land bedeckt haben?

-Sie Wir vor dem ersten Frost tanken und vielleicht, wenn die Arbeit voran auch schneller als das, was die Geselligkeit junge Leute mir gesagt haben, werden die Arbeiten früh genug abgeschlossen, dass unsere Arbeiter pflücken gehen zurück.

-Es Sollte nicht auf meine Königin hören. Gerade jetzt, sie sind alle betrunken reifen und nichts tun, nützlich. Sie arbeiten nicht mehr und sind damit zufrieden die Arbeiter an die Aufgabe tragen zu sehen, ohne etwas anderes als Aufträge von all dieser dekadenten Jugend zu erhalten.

-Vas Weg, geh weg und nicht zurück zu mir kommen, wenn Sie die Größe verstanden haben, was sie erreichen wollen. Können wir als unsere anthill Lichter geltend machen, wenn wir mit den anderen Spezies nicht selbst betreffen? Pars, aber hast Angst. Ich hörte, und Sie werden intelligente Maßnahmen zu ergreifen, wie ich immer in der Vergangenheit getan haben.

Obwohl nicht überzeugt, wird die alte Ameise so dem Protokoll angebracht, während Rückzug zurück, sie ihr Vertrauen in die Königin bekräftigt.

-Danke Meine Königin, ich bin davon überzeugt, dass Ihre Entscheidung am besten geeignet für die zukünftige Entwicklung unserer Kolonie sein.

die Königin schickte noch für die letzten zwei Soldaten im Dienst am Haupteingang der Kolonie kaum alte Ameise in den Mäandern des Labyrinth von Stollen verschwunden ist. Surprises Kappen ihren Posten für eine unwahrscheinliche Interview zu verlassen, werden sie zweimal nicht gesagt, und galoppierte die ganze Kraft ihrer Beine diese Mutter zu sehen, die sie seit nie gesehen haben, ihre Geburt. Ebenso respektvoll von der Königin des Protokolls gekrochen kommen sie im Lege Haus, in dem ihre Mutter weise Thron. Nicht zu wissen, wie man in der Gegenwart von einem einfachen Soldaten zu verhalten, wie sie sollen nicht ihr ganzes Leben, um zu sehen, gehorchen sie einfach die Welle des alten länglichen Insekt. Dies macht sie näher, bis ihre Antennen alle in Kontakt sind. Sie will nicht die ganze Kolonie diese Befehle zu hören.

-Sie Werden Ihre Aufgabe, die Zeit zu verlassen diese Botschaft an die sechsundzwanzig andere fortgeschrittene Kolonien der großen Lichtung zu vermitteln. Alle müssen diesen großen Moment der Anima wissen, dass wir schaffen und alle in diesem Gebäude teilnehmen müssen, damit wir unsere schöne Vereinigung clairièrienne der ganzen Tierwelt fördern. Beeilen Sie sich, hau nicht die Art und Weise. Die Aura unserer Kolonie und zukünftigen Wohlstand abhängen.

Während sie nie für einen Moment gedacht, würden ihre Posten verlassen die Kolonie offen für alle Winde zu sehen, sind die Ameisen diese Ordnung und unverständlich Zögern gegeben, dass es von der weiseste aller ausgeht. Sie zittern und beben gegeneinander, in einer unmöglichen Dilemma stecken für einfache Krieger wie sie zu lösen. Sie haben Anweisungen eingebettet in ihnen, und obwohl sie kein Recht haben, zu verweigern, um einen Auftrag zu gehorchen, es persönlich die

Königin war, sind sie nur ungern gehen gegen eine Bestellung aus der Natur selbst sogar. Das erste Gebot eines jeden Soldaten Ameise ist klar.

"Lassen Sie die Kolonie ohne Schutz."

Obwohl enttäuscht im Moment befolgt werden nicht, ist die Königin freut sich, die Qualität seiner zwei Ameisen zu sehen, so ängstlich die heiligsten Gesetze zu respektieren.

-N'ayez Angst. Diese Entscheidung ist in dieser Situation normal und ungefährlich in dieser Lichtung des Friedens haben wir erfolgreich Westen durch die Vereinigung unserer siebenundzwanzig Ameisenhaufen angelegt. Darüber hinaus versuchen westlichen Barbaren nicht einmal mehr unsere Gebiete zu betreten. Sie leben jetzt in Autarkie hinter ihren lächerlichen Erdhaufen. Gehen Sie die sechsundzwanzig anderen Kolonien informieren. Nicht meine lieben Kinder kümmern.

Beruhigt durch die Worte immer ihre Königin Ameisen gewählt gehen durch die Lichtung ihre Verbündeten diese wichtige Schreiben an ihre Königin zu tragen. Das heißt, sie ahnen es nicht, wahrscheinlich die wichtigste Botschaft der langen Geschichte der Lichtung.

Empfangene innerhalb jeder Kolonie durch die Königin Orte in Person, die zwei Ameisen, die wichtige Mitteilung trägt, erhalten eine positive Aufnahme in jeden der sechsundzwanzig

Ameisenhaufen von der Vereinigung der Lichtung. Alle
Königinnen geben ihre Zustimmung für die Teilnahme an den
Bau dieser Brücke in die Zukunft, die sie nicht wollen, zu bauen,
ohne ihre Kolonie mit ihm verbunden ist. Der Erfolg eines
Projekts dieser Größenordnung ist wahrscheinlich eine
unvergleichliche Aura alle Königinnen mit der Website
verbunden zu drapieren.

Als die Nacht auf der großen Lichtung fällt, können die beiden
Boten Ameisen beginnen die Reise zurück zu interkolonialen
Selbsthilfeprojekt ihre Königin der Güte anderer Ameisenhaufen
zu informieren. Dies wird in der Geschichte der großen Lichtung
für alle eine große ersten, einen einzigartigen Moment, wenn
nicht in der Geschichte der Tierwelt.

Eine wahre heilige Vereinigung.

Die Sonne dart nur wenige Schwächlinge ray über den
Baumwipfeln, dass die allgemeine Mobilmachung wurde in allen
anthill westlich der Lichtung verfügte. Die Galerien der
einzelnen irdenen Festungen werden von Tausenden von
Beinpaaren bereit gekreuzt in die Tat für den Ruf ihrer eigenen
Kolonie zu springen. Alle diese Krieger solide sammeln in der
Nähe der Ausfahrt der unterirdischen Stadt. Getreu ihrer
Tradition, sie warten, bis die letzten Nachzügler, die Führung
dieses großen Kampf gegen eine feindliche Natur zu nehmen,

die ihre sapper Kapazität ohne Zweifel verbiegen. Von beiden Seiten der Tür, der Wache ihre Köpfe nach oben und schwenken ihre Antennen direkt in den Himmel diese glorreichen Pioniere zeigen, wenn sie beginnen zu Fuß hoch, um die Ehre der Kolonie zu erhalten halten.

Sie halten wieder vor der Kolonie, sie alle bekommen im Kampf Bildung zu ermöglichen. Der Eindruck bei der Ankunft ist entscheidend für weitere Operationen. Sie müssen die schönste sein, dass wir wirklich sehen, dass sie die besten Soldaten aller Ameisen sind. Sie markieren Zeit, während der letzte der langen Säule kommen setzen ihre Füße gegen die Beine des Kriegers bereits erfüllt. Die neuen Beine tippen Sie auf den Boden mit der gleichen Rate, dass die Beine von Tausenden ihrer Schwester. Alle warten auf die Bestellung schließlich durch die Luft auf der Rückseite eines vom Leiter der beeindruckenden Ablösung geschickt Welle. Platziert vor seiner Truppen ohne drehte ihren Kopf, um erfolgreich zu kontrollieren, dreht sie sich um die Richtung der ihr Ziel zu stellen, ist so viel wie möglich erholt sich nur auf zwei posterior und beginnen schließlich die laufenden Auftrag von Antenne gestreckt stolz auf den Horizont.

-UP FRONT WORKS!

Die Tausenden von Füßen, bevor sie ihre Klaue startet und den Boden in einem einzigen Knall beißen, die durch die große Lichtung Echos. Die lauten Knall seiner Abreise ist identisch sein Aufruf an die Zukunft Echo. Die Einheiten der fünfundzwanzig anderen Kolonien, die den Anruf entgegengenommen wurde zur gleichen Zeit in diesem schnellen Rennen um die anthill Hilfe bitten gestartet. Wie die Luft, schüttelt der Boden unter dem rasanten Tempo aller nicht Ameisen mögen. Es ist unmöglich, die jeweils einen Verstoß gegen die Gehgeschwindigkeit von drei Beinpaare zu erkennen. Eine einzelne Ameise scheint die anderen Einheiten auf treffen zu fördern.

Das böse Erwachen der großen Lichtung an der eingestellten Alarmzeit Barbar Ausguck aus ihrer Erstarrung. Bis Antennen, bekommen Post Posten ungeduldig bis zu sein von einem ihrer Krieger Schwestern, wenn der Boden unter den Füßen zu zittern beginnt. Auf dem gleichen Sprung, strecken sie alle von diesem übernatürliches Ereignis sofort geweckt. Keiner von ihnen hat noch nie ein solches Erdbeben Ameise in seinem langen Leben erlebt. Sie Panik, während ihre genetischen Gedächtnis ihre Erklärung eines einzigen Erdbeben zurückgibt. Beruhigt durch ihr untrügliches Gespür für die lange multimillennial Erfahrung ihrer Linie von Ameisen, geraten sie in Panik, ohne zu stoppen, wenn sie erkennen, dass dieses Erdbeben nicht aufhören will. Stattdessen denkt er ständig, ohne jemals Frequenz der Schwingung enorme Veränderungen wächst. Das Verständnis, dass dieses Erdbeben nicht ein, sie einen Schlag gegen ihre Nachbarn im Westen und geben den Alarm sofort Verdacht.

Ihre Antennen vor dem gerollten Blätter Kegel des Warnsystems, sie schicken ihre schärfsten Wellen die dicke Wand ihrer Festung angreifen. Unmittelbar nach den am Eingang des imposanten Gebäudes geschrieben Posten weitergeleitet, es dauert nur ein wenig Zeit an die Spitze der Wand durch eine zweite Wand der Ameisen gegeneinander geklebt besetzt ist. Bereit für alle Fälle, erwarten sie ein Sturm sie unweigerlich heftige wissen.

Andere Ameisen erwarten auch diese unglaubliche Belegschaft, die sich schnell in großen Lichtung wächst. Alarmiert von dem großen Erdbeben, das der Verlangsamung ohne Angabe von Zeichen nähert, sind die Ameisen der Kolonie Lichter alle Ausgänge zu sehen, was mit einer Gewalt, die nichts aus dem Clearing-Schlaf kommen könnte tun mit dem süßen Erwachen, die gewohnten Platz ist. Weg von der Sonne, die gesprächig Schluchten der frühen Vögel Erwärmung, die Stampfen Krallen auf dem Boden Maske irgendwelche Anzeichen von Leben.

Die Säulen sind ähnlich mit neuen Truppen zu vereinigen, wie sie vorantreiben. Es war nicht mehr als sechsundzwanzig separate Einheiten auf dem Nest der Rechte des Insekts vorrückenden eine einzige Armee Kriegs der sechsundzwanzig Kolonien des Westens, die an der Spitze hält zusammengesetzt ist der nächste Hügel mit Blick auf die Ameisen das Schauspiel einer undurchdringlichen schwarzen Wand anhängig. Gebannt, Geselligkeit jungen Menschen sofort erkennen, dass ihre Bemühungen Früchte getragen haben. Verstärkungen sind da, und sie warten, um endlich auch ihre Fähigkeit, in diesem interkolonialen Unternehmen animalitaire zeigen.

Verlassen ihrer jeweiligen Truppen im Standby-Modus gehen die Ablösung Cheffes Ameisen in der Notwendigkeit gerecht zu werden. Stolz diejenigen genannt zu helfen zu sein, bläht sie seine Brust und ihre meisten Kampf Luft mit einem Klappern der Klauen in einem einwandfreien Aufmerksamkeit auf Sie perfekte Gesicht der jungen sozialistisch Kopf gestellt die anthill der menschlichen Insekten. Dies, nichts von diesen Methoden spezifisch für die verabscheuungswürdigen Kaste der Soldaten reagiert, indem er eine banale Erhöhung soft tab zum Heil oder respektlos. Sie hat durchdrungen Heilung jene nichts von ihrer

rohen Gewalt nicht in der Lage jede wirkliche Denken
enttäuschen und zeigt, dass sie nicht alle ihre Anstand zu
direkten Ameisen so dumm, wie diejenigen braucht, die als
Verstärkung eintraf. Sie dreht sich um sie zurück zu den
Soldaten der Delegation, die Arbeiter und Soldaten seiner
Kolonie mit festen Stelle zu wenden.

-Go Alle Lebenslauf zu arbeiten, wo Sie gestern aufgehört
haben. Unsere Verbündeten werden Sie kommen, wie sie von
der Realität der Website und ihre Fortschritte aufmerksam
geworden.

Obwohl weniger diszipliniert, dass alle Neuankömmlinge
nehmen Arbeiter über die Verwaltung des Gebietes als eine
einzelne Ameise. Nicht durch den Gehorsam dieser Arbeiter
beeindruckt voran zusammen, aber in Unordnung, Soldaten
Cheffes reagieren die jungen zu beleidigen sozialisieren sie bei
der Ankunft.

Ant -Foi, sieht es aus wie Sie wirklich uns hier brauchen.

Sicher seiner Überlegenheit über die brutale Soldateska, beginnt
die junge sozialistische Erläuterungen, die für die
ordnungsgemäße Verwendung dieser dummen, aber sicherlich
robuste und leistungsfähige Verstärkungen. Und das ist alles, es
auf seiner Website benötigt.

Dieser Anschlag hat für Nerven Barbaren Ameise ist ein ruhiges
Leben zu retten geführt. geblasen Relief, als das Erdbeben im

Osten weggezogen, waren sie endlich in der Lage, ihre Nerven zu entspannen, um zu sehen, wenn das Pochen auf den Boden gestoppt hämmerte. Beruhigt durch die Rückkehr zu beruhigen, sind sie doch auf der Suche. Obwohl dies nicht den Ursprung des Erdbebens zu wissen, haben sie die Gewissheit, dass dies ein weiterer Manöver von West Ameisenhaufen und bleiben bereit, von ihnen zu jedem Aggression zu reagieren. Sie zögern auf dem Weg nach vorn und trotz der Entfernung aller dieser Schocks auf die Wiederaufnahme des Marsches von westlichen Soldaten auf ihrer Website, sie entscheiden, mehr Spione zu schicken lernen über den genauen Ursprung dieser seltsamen Erdbeben, das verschwindet erscheint und dann bald nach wieder zu erscheinen.

Rapid-Scouts verschwinden schnell in der Ferne. Gestartet tapfer durch die großen Ebenen der Lichtung, tragen sie auf dem Rücken, die Zukunft ihres Nestes und wird nicht zögern, einen Moment, ihr eigenes Leben zu riskieren. Nach einer durch die erzwungene Umwege Seite von jedem der Festungen des Westens erweitert Rennen, erreichen sie für die großartige Kraft in Bewegung.

Alle Spione haben beim Anblick der Anzahl der Krieg in diesem Ort mobilisiert krümmte und sie verstehen jetzt die weise Entscheidung ihrer Führer über diese Kräfte zu lernen. Nur die Hälfte dieser Kämpfer würden ausreichen, um ihre anthill zu löschen Geschichte Anthill. Sie bleiben in einem Abstand und beginnen in ihren Genen alle ihre Beobachtungen des gigantischen Projekts aufzunehmen, die sie besuchen.

Titanic Ameise.

Ankunft auf der Bank, entdecken die Neuankömmlinge das Ausmaß der Arbeit erforderlich, um dieses Buch eine wahre Handwerker Aussehen Werk des Genies Ameisenbär zu geben. ohne jede Disziplin Zivilarbeiter Schwärmen ermutigt sie, das Beste aus sich und ihre jeweiligen militärischen Einheiten zu zeigen. Nach dem zwischen ihnen aufeinander abgestimmten, zu den gleichen Aufgaben wie Arbeiter der Kolonie ursprünglich dieses Projekt zugewiesen die Führer der sechsundzwanzig Abteilungen ihre Belegschaft in Gruppen zu kombinieren scheint es nicht in der Lage, ohne sie abzuschließen Sinn für Organisation.

Obwohl verschiedene Einheiten und Ameisenhaufen, finden ausländische Soldaten instinktiv ihre Spuren schnell und zu verwalten, miteinander gemeinsam zu arbeiten. Alle haben eine ähnliche Ausbildung gefolgt und die ganze Zeit für nutzlose Übungen in kurzen Spaziergang verbrachte beweist schließlich seine Bedeutung im Lehrplan sie folgen. Selbst geladen schwerer Zweige der Eiche, behalten sie diesen Sinn für Rhythmus in ihrem Marsch zum Ende dieses Dock Blätter, die mit einer Rate wuchs, dass die Jugend sozialisieren würde nie für möglich gehalten hätte. Auch beeindruckt von der Geschwindigkeit der Soldaten, Arbeiter der Kolonie von Insektenrechte auseinander allmählich die Website nicht, diese wunderbare Pioniere in dauerhaften Maßnahmen zu behindern riskieren. Sie fühlen sich überwältigt von der Masse und schließlich schändlich Massage im Schatten des großen Stein von der Spitze von dem der junge Führer sozialisieren den Fortschritt der ITS Deck beobachten, ITS Großprojekt der

Vereinigung zwischen allen Insekten Kulturen ganze Teich und an anderen Stellen, wenn auch vorhanden ist.

Alle Ameise seine große Heimatstadt Wesen unter ihr vereint, nahm sie die Gelegenheit, eine neue Gelegenheit zu ergreifen, um ihnen die Bedeutung von verstehen, was gerade geschieht. Es muss nie eine Gelegenheit verpasst sie an die Intelligenz der jungen Menschen empfindlich zu machen, Geselligkeit, in Ermangelung vergeblich versuchen, intelligent zu machen. Sie räumten die Luft durch Antennen gegeneinander reiben, spricht dann mit seinem feierlich. Der vordere rechte Bein gegen seinen Oberkörper aufrecht direkt in den Himmel, sie begann gut.

-Fourmi Die Stadt der Rechte des Insekts sind wir. Wieder einmal unsere Kolonie zeigte seinen Fortschritt auf dem Marsch in die Zukunft der Vereinigung der großen Lichtung. Noch einmal, wir waren die Initiatoren einen Sprung nach vorn, aber dieses Mal wird der Sprung gigantisch sein. Er wird uns keine Ähnlichkeit mit der Vergangenheit zu einer Zukunft senden, dass wir glorreiche geglaubt, als er das ranzig und egoistisch war. Wir angereichert schamlos ohne Rücksicht auf unsere Nachbarn in Gefahr. Wir schlafen auf einem Berg von Lebensmitteln, während andere Insekten hungern würden. Heute werden wir zu ändern, schließlich werden wir endlich die Schönheit des Lebens in einer animalischen Gesellschaft Sharing, Gleichheit und Brüderlichkeit zu entdecken. Wir werden Erfolg und dank Ihnen. Mit Ihren Mut und Ihre Entschlossenheit, werden wir in den Triumph unserer animalism fourmicratie erfolgreich zu sein und zeigen alle barbarischen Schönheit der Zivilisation vereint und frei von Insekten.

Die sozialistische Führer ist in seinen Spuren durch eine Runde tosendem Applaus gestoppt. Beine in der Luft, geben Sie Ameisen ihre Krallen gegeneinander und es dauert eine lange Zeit für Geselligkeit, um seine Rede fortzusetzen es bereits als heute ein wichtiger Sieg dieser öffentlichen Gesicht hält 'unfähig. Es kann schließlich fortgesetzt, nachdem seine Antennen oft schnappen etwas Ruhe zu bekommen.

-Wir Sind weit von unserem großen Projekt Finishing, aber wir haben bereits einen Sieg unter unseren Gürtel. Schauen Sie sich all jene Ameisen im Augenblick bei der Arbeit. Keiner unserer Kolonie, und doch sind sie da. Sie sind da, um uns zu helfen. Sie sind da, mit uns, dass die Brücke in eine bessere Zukunft zu bauen. Sie sind ein klarer Beweis, dass unser großes Projekt der Union der West-Ameisenhaufen der großen Lichtung war keine Utopie, sondern ein echtes Bedürfnis und eine gemeinsame Zukunft, wo jeder auf andere verlassen kann, ohne schulden nichts zurück außer der danke den realisierten gemeinsam gut zu wissen. Vielen Dank an euch alle, und jetzt diese wunderbare Vereinigung von uns zu feiern. Feiern Sie diese schöne Vereinigung der siebenundzwanzig westlichen großen Lichtung und diesen Sieg gegen die Barbarei und Obskurantismus.

Die jungen sozialistischen Wendungen und ein Zeichen der Antennen, lädt es die Zikaden ihr auf der improvisierten Bühne. Kaum in der Nähe ihrer Freundin angekommen, begeben sie sich auf einem schönen Gesang zur Ehre all diesen gütigen Ameisen, die sie anbeten Güte vorgeben. Ebenso geschmeichelt durch den Rhythmus des schönen Lied von den schmeichelnden Worten davon versammelten sich die Arbeiter in Massen auf die Bühne Start von zwei in beiden Beinen zu nehmen und sie tanzen. Sie tanzen glücklich, ihre Größe und Anima durch diese

großzügige Insekten von jenseits des Teiches anerkannt zu
sehen.

Die erste Rettung von Zikaden.

Während die Initiatoren dieses Großprojekt auf den
spektakulären Sprung erkennen, dass Allied Workers feiern wird
ein Zikade den Luftraum der großen Lichtung näherten. Seine
Flügel mit größerer Schwierigkeit durch die Mühe zu schlagen
über diese riesige Menge an Wasser ohne Empfangsbereich für
einen Rest mehr als nötig zu seiner alten Flügel fliegen. Sie
Strafe besteht jedoch darauf, trotz der Schmerzen, die die
Zange. Sie hat das Gefühl, dass das Ende nahe ist und bereitet
sich auf den Sprung ins Unbekannte zu machen, als sie in der
Ferne einen schwarzen Schwärmen grün Aufgabe sah, die ihn
auf der blauen Oberfläche treffen ragt.

"Also ist es wahr ist, gibt es viele Einsatzkräfte dieses Tor zu
schaffen, wie erwartet." Dieser Mangel an Gedanken an die
letzte für die Armen Zikade so durch diese letzte sichtbare
Hoffnung schockiert sie beenden, während die Zeit eines Atem
Abfackeln. Es dauert nicht mehr Schwerkraft seine Existenz zu
erinnern, um die unglückliche Zikade plötzlich mehrere Längen
der Beine fallen. Es kommt in dem Moment in die Realität
zurück und konzentriert seine ganze Energie seine Flügel in der
Hoffnung, schütteln Sie den Aufzug zu finden, notwendig in der
Luft zu halten. Verlangsamte doch der Abstieg für jeden
fliegenden Insekten zu dieser tödlichen Oberfläche weiter.

Resigniert sie hält seine nutzlosen Mühe und fallen gelassen.
Nun sind alle ihre Energie in ihre Gedanken, sie betet. Sie fleht
die große Zikade, die Göttin alle Zikaden verehrt, obwohl sie
etwas für sie tun will, eine Geste eine kleine Geste. Es braucht
nicht viel fragen.

Sein Gebet Litanei nicht zu stoppen während der endlosen
Abstieg und dem großen Zikade dankbar schließlich seit seinem
Reich gehört. Während die Oberfläche des Teiches nur zehn
Meter ist, ist es die Gesetze der Physik kommen ein glückliches
Ende zu dem tragischen Fall des alten Zikade zu bringen. In
seiner Blütezeit machen die Sonnenstrahlen in den Teich
Wärme, die sie nicht evakuieren können. Wie wie der Geist des
bösen Barbaren geschlossen Ameisen Teich in ihm konzentriert
die gesamte Wärme, die er empfängt. Mit mehr und mehr von
dieser Wärme auf den Tag bewegt brauchte er eine Pause zu
aktualisieren und es ist eines seiner Blasten, dass das Heil von
dem Insekt in Not kommt.

Plötzlich wird die Heuschrecke in ihrem Fall zu gehen bis etwa
zehn Meter zu treffen einen frischen Wind, der schiebt ihn in
seine ursprüngliche Richtung gestoppt gesehen. Seien in seinem
Abstieg gestoppt, so plötzlich brutal zu sein, ein warmer Wind
an einem kalten Wind schicken wegen der alten moralischen
Insekt, das so schnell geht, wie er sich aus dem Wasser gerettet
findet. Der Wind hat sich über einen festen Seerose fallen
gelassen, auf dem der Cricket-Körper schmerzte wacht. Es leidet
an allen seinen Mitgliedern, aber es ist sicher. Die große Zikade
wirklich existiert, und sie konnte seine Unterwerfung unter die
Göttin zu erkennen, es für all diese schönen Insekten stellt sie
freundlich zu schützen. Diese sind seine ihm die Größe der

Unterstützung gewählt in ihrer Entwicklung innerhalb der großen Lichtung.

Beruhigt über sein Überleben als auch die Realität der Existenz der großen Göttin, die Zikade langsam alten auf die Realität seiner Notlage kommen zurück. Schmerzen nachlassen in fast allen seinen Mitgliedern. Einer nach dem anderen, bewegt er seine Beine es das Vergnügen hat der ohne Probleme auf seine Anfragen reagieren zu sehen. Es baut dann darauf, ein wenig auf die Pflanzenoberfläche zu Fuß, in der seine Klauen eine starke Unterstützung leicht nehmen und nach den Horizont mit einem schnellen Kopf wiederum beobachtete, entdeckte sie in der Nähe der Banken kann sie erkennen ihre natürliche Insel. Sie kann auch die vielen Pionierteams in Aktion am Ende dieses Gateways nur wenige Flügelschläge seiner Position zu sehen. Sie erwartet, voll von seinen Gefühlen zurückgewonnen werden, bevor seine Reise fortsetzen. Und wenn sie fühlt sich endlich voll fit seinen Flug fortsetzen, schlagen sie ihre Flügel mit aller Macht durch den größeren Schmerz wieder zu erlangen überwinden. Seine beiden linken Flügel reagierte auf seine Anfragen als Schmerz Blitz, die sich von Seite zu Seite kreuzt. Krawatten seiner Flügel seiner enormen Rinde, mit Schmerz Pfad ersetzt die Nerven, die durch ihn von der Zerstörung seiner letzten Hoffnung auf einen Beitritt zur Bank von Eldorado zu informieren läuft wie von allen Zikaden von der Küste vorstellen südlich des Teiches.

So nah und doch so weit, ärgert es auch in der Nähe sind gescheitert. Tränen beginnen ihre stolze Mund Zikade nach unten fließen.

"Speichern mir Warum, wenn es mir auf dieser elenden Insel allein sterben zu lassen? ".

Die große Zikade reagiert nicht auf Bitten von der Schiffbrüchigen, die mit Würde zu sterben bereitet, wie es möglich ist, dies verdient den Namen für eine Zikade zu tun. Die Antennen-Tauchgänge auf den Boden, fing sie an zu Ende zu singen. Dennoch sendet er die Macht seiner Orgel Sänger die Worte dieses bewegliche requiem. Dieser Schmerzensschrei geht durch die Luft, das Wasser abprallen alle anderen Umgebungsgeräusche, bis jeder der Banken der großen Ausdehnung des Wassers zu decken. Kongenere blieb Süden muss die Warnung beachten, dass dieses Lied in ihm hat und wer weiß, ob der große Zikade nicht auch in der Lage sein wird, wie sie nur diese Hymne auf die Gnade eines schmerzlosen Tod zu hören Ziel jetzt.

Lange Anlegestelle, geschärft die Soldaten die Sinne bei der Arbeit sind. Das am weitesten fortgeschrittene Konstruktion laut die Blätter durchbohrt, dass der Krieg der langen Versorgungssäule ohne Unterbrechung seit seiner Ankunft vor Ort am Morgen zur Verfügung stellen. Am Ende des letzten Blattes an Ort und Stelle, passt es den Neuankömmling zu praktizieren, was sie jetzt eine Kunst betrachtet, in dem sie ein Experte in keiner Zeit wurde.

Drei Registerkarten auf dem Blatt bereits angebracht ist, sie ihre anderen drei Krallen auf dem Blatt Pflanzen zu fragen. Dann mit größtmöglicher Feinheit, macht es wenig Überschneidungen, um sicherzustellen, dass keine Insekten in Gefahr, durch die geringste Lücke ins Wasser zu fallen. Nicht die geringste

Verschiebung Klauenbreite auf Soldaten erlaubt. Mit ihrem großen Geist haben die Geselligkeit jungen Menschen bietet auch die Möglichkeit gedacht, zu sehen, ganze Familien von Zikaden mit kleinen Kindern, die das Abenteuer der großen Kreuzung versuchen würde es wagen, und es darf keine Gefahr, dass einer von ihnen laufen seine Jugend Chancen für die Zukunft aus dem Wasser für eine letzte Reise in den Tod durch Ertrinken.

Die Blätter und oben, läuft es über die gesamte Breite, alle zwei Längen Krallen zu stoppen, um sie vorzubereiten. Die Mandibeln auseinander höchstens, taucht sie den Kopf gegen die Bodenabdeckung mit den meisten Kraft möglich, die doppelte Dicke mit Sicherheit zu überqueren. Die Fakten Löcher, andere Pionier folgen die beiden schwimmenden Teile zu sichern. Herbal ging durch die neu gebohrten Löcher und einmal um die Kreuzung der Tat, sie weben die Links ohne jedes Spiel, um ihre Arbeit zu verlassen. Ein Knoten dann eine andere, stoppen sie nur Loch-Zeit zu ändern, dann die Experten lassen ihre Kunst in abdichten. Auf dem Umfang eines jeden Zweig gebunden, gebündelten sie eine geringe Menge an Staub sie ihren Saft befeuchten vor vorsichtig, bis eine noch glattere Oberfläche ausbreitet und versiegelt die Blätter, die die ganze Unterstützung.

Es war während dieser technischen Betrieb, die die große Zikade auf die Arbeiterameisen zu handeln kam.

Aus irgendeinem Grund Ameisen, die auf dem Brückenkopf, wird die Blattzufuhr für kurze Zeit unterbrochen, die Bohrstellen Soldaten und Weber Kollegen ohne Aktivität zu verlassen. Sie nehmen schnell die Möglichkeit, hinter die lange Brücke zu suchen, die sie gemacht mit einer unglaublichen Geschwindigkeit fortgeschritten und sie begrüßt stolz den Erfolg dieser Erfolg. Während sie nur den Schwanz der Rück Spalte zu Aktien sehen aus, sie sind verzweifelt keine Ameise zu sehen, auf die Brücke geladen jetzt unterscheidet sie kaum den Start, da sie diese Arbeit vorankommen verwalten Art. Schnell müden Blick in diese verlassene leer, lassen sie sich Nichtstun versinken, bis der Bohrer des Wartens Anschlag étancheuses in Aktion zu tun. Aus irgendeinem Grund, dass sie sie brauchen nur kennt, plötzlich totale Stille auf dem Teil seiner Kollegen. Bekannt und berühmt für seine Krieger Fähigkeiten, der Bohrer erhält sofort alle Aktivitäten von anderen Ameisen aufhören, die nicht vorstellen, nicht wagen, dass die Anforderung nicht notwendig ist.

Wie alle Krieger Angriff Einheiten, hat der Bohrer nie etwas für nichts. Unter dem Blick ihrer Schwestern, neigt sie dazu, Antennen in Richtung See ernst. Die Konzentration kann aus Blättern viele Durchbrüche mit Saft auf seine Mandibeln grün gelesen werden. Die Wartezeit ist lang, aber schließlich fällt Antwort auf Fragen von Arbeitnehmern nun in einem Kreis um den Krieger Elite versammelt. Auch Tauchen in Untätigkeit, der Krieger, der in seinem Wesen schläft, ist immer zu beobachten. Seine primäre Aufgabe ist es nicht gedankenlos in den Blättern Löcher zu schneiden, aber die Sicherheit des gesamten anthill und verwandter Ameisenhaufen und ihre Interessen, wie seine geschärften Sinne durch eine lange Ausbildung gewährleistet werden, auf der Suche nach für mögliche Gefahren für die Zukunft der Union um die siebenundzwanzig Kolonien.

So aktiv wie der Rest ihres Körpers während der Pause inert war, haben ihre Antennen die Wellen ausdrückt ein anderes Signal als die Bewegung der Blätter oder Mini-Welle surfen auf der Bank festgestellt. Sie versuchte, die Richtung und ultimative Ziel zu bestimmen, aber sie weiß jetzt, dass diese Botschaft mit der Verzweiflung der Kraft wiederholt, einen Hilferuf von einer Zikade irgendwo in der Richtung zu treiben, dass seine Antennen verwalten zu Forschung Stärke in der Luft bezeichnen. Damit beschäftigt, genauer gesagt die Armen shipwrecked anfordernden das Heil seiner Seele zu finden, lädt es ein Weber die Nachricht von der Katastrophe animalitaire im Gange mit Vertretern der höchsten Stellen der Union die siebenundzwanzig Kolonien vor Ort zu bringen .

Investiert in dieser entscheidenden Aufgabe für die Zukunft der Union von siebenundzwanzig kleinen Weberameise stürzt auf die Macht der Laschen entlang der langen Gehweg. Er wird diese neue Verzögerung übertragen. Ein Insekt Leben auf dem Spiel steht. Sie weiß nicht, dass es der Katastrophe animalitaire Gange warnen müssen, aber es läuft, läuft es, als ob sein Leben davon abhinge. Einmal an Land, geht es weiter zu laufen, während eine Ameise Antennen suchen ermächtigt werden, um eine Entscheidung darüber zu treffen, wie am besten auf das Drama im Gange zu reagieren, aber keine der Definition entsprechen, die es sich um eine wirkliche Autorität.

Sie findet keine wirkliche Kopf auf die Bank, so beschließt sie, den Weg des anthill Rechte Insekt zu nehmen, sicher zu finden, gibt es eine Führung der Lage, die am besten geeignete Entscheidung zu treffen. Diese kleinen Beine schnell klettern die Düne Land grenzt an den Teich für den Vorsprung an der Spitze, wo sie eine unglaubliche Bühne für den disziplinierten Soldaten entdeckt es ist.

Ein Verlust der Sehkraft Ameisen sind empattées gegeneinander. Und sie tanzen, tanzen sie auf den Rhythmus eines Orchesters der Zikaden auf einem massiven Felsen thront. Dieser Gipfel unbekannte Melodien in alle Richtungen gehen begeistert das Publikum zu ergötzen. Die Ameise reibt die Spitze seines Helms mit Antennen. Nicht wirklich sicher, von der Realität dieser surreale Szene, muss es mehrmals zu versuchen, den Moment zu erfassen, und einmal sicher nicht das Gefühl der Augen zu verlieren, sie tastet die Menge auf der Suche Schwärmen ein Kopf. Sie kann es nicht, bis Sie eindeutig eine Ameise in der Mitte der Zikade Gesangsgruppe. Diese Position Höhe muss zwangsläufig, dass eines Führers sein. Diese Idee schwingt ohne Zweifel in seinem Kopf disziplinierten Soldaten. Wenn die Höhe ist, dass es in der Lage, zu steuern. Diese logische Deduktion, es läuft nun in Richtung der großen Felsen es so schnell wie möglich klettern die Leiter geborene Drama im Gange zu informieren.

 Die Überraschung der Ankunft des gemeinen Soldaten auf der Szene, auf seiner Bühne, begrüßt die junge sozialistische scharf.

-Redescends, Sie haben hier nichts zu tun, sind Sie nicht ein Sozialist können Sie richtig an der Vorderseite der anderen Ameisen zu zeigen.

Obwohl es nicht gut aufgenommen, erkennt der Soldat sie mit einem echten Kopf offen und informiert der Kolonie Lichter zu

tun hat. Sie besteht darauf, dass zwei andere Geselligkeit
beginnen zu begreifen, um die Bühne zu werfen.

-Wir Haben ein Problem auf dem Brückenkopf. Wir brauchen
Ihre Lichter ein Zikade in Not zu retten.

Wie so eine Zikade in Not und du nichts zu tun. Species unfähig,
Sie verdienen den Tod für Ihre Untätigkeit.

"Aber wir wissen nicht, wie es in der Mitte des großen Meeres
ist.

-J'y'll Antwortete der jungen Geselligkeit, bevor die Tanz
Ameisen drehen, mir folgen, haben wir ein neues Insekt in Not,
die uns braucht.

Der junge sozialistische Hand so schnell die Brücke zu stürmen,
schnell von allen seinen großen Kolonie gefolgt. Gehorchend die
Reihenfolge ihrer Leiter, verpflichten sie sich, die alle Brücke
nach ihm. Und während Geselligkeit jung, um den Brückenkopf
entlang der Weber Soldat erreichte, war sie überrascht, die
Brücke zu fühlen, den Ruhestand mit Geschwindigkeit in
Richtung Ufer zu erhöhen. Sie dreht sich um den Grund für den
Rückzug an die Bank zu entdecken und es ist mit Erstaunen fest,
dass sie eine neue Katastrophe konfrontiert ist, vor dem sein
Vorgesetzter Geist wieder sein schnelles Denken in Aktion zeigt.

-Découpez Die Brücke so schnell wie möglich. Sonst werden wir wie alle diese Idioten verschwinden.

Die Krieger-Elite und die anderen vorhanden Ameisen auf dem Brückenkopf bis zum Ende des Blattes schnell zu kommen, die sich über seine Breite geschnitten. So schneiden ihre Brückenkopf in einem Floß treiben in den großen Teich. Zufrieden mit diesem Ergebnis kann die junge sozialistische Hilfe nicht einen verächtlichen Blick auf die Bühne werfen am Eingang der Brücke statt.

Eine Flut von Ameisen kämpfen sicheren Tod zu entkommen, zu denen sicherlich die Pflanze Brücke unter dem Gewicht von Tausenden von Ameisen strömten zu ihm gebogen antreibt. Über hundert Ameisen kamen in diesem großen Drama. Überrascht von der plötzlichen Ankunft von Wasser auf der grünen Fläche, sie versuchten, sich umzudrehen, aber die kompakte Masse der Ameisen stehen vor der Struktur angreifen, sie sahen sich zum Tode verurteilt, ertrank in jeweils oder einfach erdrückt und geriet in Panik durch die Vielzahl der Arbeiter niedergeschlagen. Sucht in Kontakt mit der Luft zu bleiben, ruderte Beine auf der Suche nach einer Steckdose an der Oberfläche zu bleiben, haben Überlebende ihr Überleben zu Glück schuldete auf ihre Krallen in der Lage sein zu hängen der Körper eines unglücklichen bereits unter Wasser begraben. Gespeichert durch Leichen ihrer Schwestern, waren sie dann in der Lage, die Küste zu erreichen, indem sie auf allen Leichen ihrer Freunde, die gehen, die die Chance oder den Reflex nicht gehabt haben, aus dem Wasser in der Zeit zu halten.

-Was Fools! Aber was für Narren! All das Gewicht an konnte nur einmal die Brücke bringen. Es ist innerhalb der Reichweite der ersten Ameise kam, das zu wissen. Selbst die Barbaren des Ostens hätte gedacht. Sie bekamen, was sie verdienten. Gut für sie.

-Aber Sie waren es, die sie dir zu folgen gesagt, haben sie nur ...

Weaver Soldat hat keine Zeit, seinen Satz, dass die junge sozialistische schießen im Wasser mit der ganzen Kraft seiner Beine zu beenden. Sie kann nicht die Arroganz dieser einfachen Soldaten stehen, die Fehler der es wagt zu finden, ist es die aufgeklärte Vertreter der anthill der Lichter. Die Versuche abgelehnt mit Wasser in Kontakt zu diskutieren, aber das Gewicht seines Kopfes verhindert seine Atmungsorgane an der Luft halten, schnell verwandelte sie in eine einfache Schwimm Karkasse neben dem Floß Blatt jung Gesellligkeit und seine Soldaten Ameisen geschockt an, was sie zu sehen kommt. Eine Ameise hat einen weiteren Grund vorsätzlich getötet. Sie würden verstehen, und Gesellligkeit junge realisiert.

-Sie Haben nichts gesehen. Sie fiel auf eigenen Beinen. Wenn jemals einer von euch spricht, erwartet Sie das gleiche Schicksal.

Die Soldaten, die auf dem Floß opine Antennen als Zeichen des Verstehens. Sie wissen instinktiv, dass diese Ameise das Tier am Herzen liegt und sie wird jemand nicht zulassen, sind gegen den Fortschritt der meisten unterstützende und brüderliche fourmicratie. Der junge sozialistische Vorteil seiner gestärkten Position zu den Soldaten, die Zügel in die Beine zu nehmen.

-Jetzt Ich hier bin, Sie zu führen, wo ist diese Zikade in Gefahr?

-Es Gibt, die große Wasserlilie. Durch die Zeit erhalten wir die Spitze seiner beiden Flügel von der Leiste vorsteht, um zu sehen.

-So Gehen wir, sind wir hier einen schrecklichen Tod, oder nicht zu retten?

Ja, aber wie?

-Wir Sind schwebend, so jetzt werden wir vorankommen, nutzen Sie Ihre Beine, um den Film zu lenken. Es ist ganz einfach.

Epatées durch den Bereich der Fähigkeiten der jungen sozialistischen, alle Ameisen liegen an den Rändern des Blattes und beginnen mit Stärke zu paddeln schweres Gerät zu bewegen. Widerstand ist stark, aber grüne Schiff schließlich freundlich brechen weg von seiner Trägheit und endlich beginnen, sich langsam in Richtung der Wasserlilie. Der Kurs wird von Wissenschaftlern Beratung der jungen sozialistischen gehalten, der in der Mitte des improvisierten Skiff stehen anweist inkompetent Soldaten schwimmen. Sie peitscht die Luft mit ihren Antennen Ruderer zu motivieren, die nur mit Mühe gelungen, die isoliert Lilie zur Freude der Schiffbrüchigen Zikade zu erreichen.

Immer einen auf ihrer Insel pflanzen, hat die alte verwundet Zikade die Hoffnung aufgegeben, gerettet zu werden. Erste Zuflucht in Frömmigkeit, sie allmählich gestoppt Gebete zum Himmel schicken. Die lange Wartezeit war richtig in seinem Glauben. Regungslos Flügeln auf dem Rücken vor Schmerzen, ist sie jetzt auf dem Boden zusammengerollt. Beine unter ihr gefaltet, schaut sie tief in seine Seele den Fehler sie das machte konnte die große Zikade schieben diese langsamen und schmerzhaften Tod zu verzichten. Warum wurde sie nicht in ihrem Sturz bewusstlos getötet? Sie hätte ohne Angst oder Schmerzen gestorben ist, ohne es zu merken, was los war. Warum?Ja, warum? Dieses Problem kann auch im Inneren der Schere sicher ein Paar Mandibeln ermordet. Sie hatte genug von dieser schrecklichen Warte in die Pfütze von Tränen, die sie nicht mehr bezahlen, als sie ihre Flüssigkeit externalize diese extreme Verzweiflung benutzt hat. Es dauerte eine lange Zeit, sich vorzubereiten, aber jetzt ist sie bereit ist, erwartet seinen Körper, dass die große Kiefers kommen, um die Welt der Lebenden mähen ihn auf das unbekannte Gebiet des Todes zu nehmen und unendliche Vergnügen es hält. Sie wird wahrscheinlich besser sein als hier, nur ein trockenes Blatt zum Trocknen auf.

Sie ist das, was von Gedanken bleibt, wenn regelmäßige Klatschen und Schreien ihn erreicht. Das Sammeln der letzten Kraft, setzt sie sich auf seine zitternden Beine schmerzlich in die Richtung zu humpeln, aus dem das Rauschen. Sie will zu nähern, aber sieht nichts, bevor er es geschafft, die Sims Wand in seinem letzten Heim errichtet zu erreichen. Die Krallen oben auf der grünen Wand, dauert es auch hart wie möglich auf die Beine ruhen, bis sein Körper auf die Gelenke von den Schultern. Dort können sie finden schließlich Glück mit dem Ursprung des Geräusches, das weckt. Weit davon entfernt, die große Kiefer kam mow ist eine kleine Truppe von Ameisen auf einem Floß, das ihm entgegen kommt. Die alte Zikade ist schwer zu glauben, sie sieht in den Himmel und stürzt auf Seerose bewegt Blasen.

"Danke, dass große Zikade! ".

Stehend in der Mitte seines Lebens Floß, dem jungen sozialistischen jubelnd auf die Oberseite des Körpers der Zikade in Gefahr sehen. Sie werden in der Lage sein, bevor die ganze Kolonie auf die Bühne mit der Hilfe, die sie sich selbst zum Trotz aller Gefahren birgt. Sie springt auf und schnappt seine Antennen mit noch mehr Kraft Ruderer zu motivieren, schon müde. Es erhöht den Druck auf die Soldaten, wenn die Zikade plötzlich von oben der grünen Wand verschwindet.

-Sie Erliegt. Schneller, schneller Band faul.

Der junge Leiter ist so begeistert von der Intensität des Augenblicks es so schnell wie die Ruderer erschöpft verlangsamt. Dies wird keuchend es anlege Befehle an seine gehorsame Soldaten gibt.

-Sie Mit Ihrem Mandibeln stehen die Wasserlilie binden, wie wir Rettung dieses arme, unglückliche gehen.

Der Krieger zu bohren Blätter zugeordnet eilt zum Bug des Blattes den Auftrag gegeben auszuführen. Die Krallen fest verankert auf der Oberfläche des Blattes, sie legt seine Maske gegen die Wand des Wasserlilie, die mitten durch durchbohrt, bis beide Backen zusammen kommen auf der anderen Seite der dicken grünen Wand. Fest auf seinen Füßen gegründet, sie versteift auf das Maximum ihres Körpers die beiden schwimmenden Blätter mit perfekter Stabilität zu halten. Damit wurde sichergestellt, der junge Sozialist und zwei andere Ameisen den erweiterten Krieg auf dem unbeweglichen Schiff der Zikade auf den Tod zu gehen, verwenden können. Der erste Soldat ging Brücke leben, die junge sozialistische beginnt auch die Kollision der Seerose. Mit festen Schritten klettert sie auf den jungen Krieger durch den Bau auf dem zweiten Soldat aus dem Internat Partei, die die Beine auf den maximalen verbiegt seinen Kopf zu helfen, auf der Brücke zu klettern, die es für Halt mutig Kreuze auf der Rückseite des zweiten Ameise auf dem Boden am Fuße der Wand der Seerose liegen.

Die Größe und Herrlichkeit des tapferen Geselligkeit.

Der Oberkörper des Soldaten wird der junge sozialistische voll und ganz bewusst von der Richtigkeit animalitaire Projekt, um es in der großen Lichtung ins Leben gerufen. Sie möchte alle Ameisen der Vereinigung der siebenundzwanzig kann die schreckliche Szene des Dramas sehen los. Scope inert in der Mitte des großen, grünen Kreis, das beige Insekt auf sich selbst komplett gefaltet, die Beine unter diesem Körper durch zwei Flügelpaare völlig nutzlos gekrönt gelockt. Gebrochen durch den freien Fall, sind zwei Flügel offensichtlich tot. Dieser arme Heuschrecke kann nie die Welt vom Himmel genießen. Sie begann in einer tödlichen Situation nur um sie zu verbinden, sie,

Ameisen der Kolonie menschlicher Insekt. Dieses Selbstaufopferung und Mut sind es wert, alle Bemühungen der Kolonie zu diesem Zeitpunkt diese armen unglücklichen bereit zu helfen, alles zu verlieren, nur um sie zu bringen, wenn nur ein kleiner Teil ihrer Kultur und ihres Mutes. Der junge Geselligkeit ist verärgert.

Bewegt, ist es schwache Beine auf der weichen Oberfläche des Blattes nach unten diese arme Heuschrecke zu retten hoffen, dass es nicht zu spät ist, sie wieder zum Leben zu bringen. Zart, sieht der Kopf in der inerten Sänger, geht eine freundliche Kratzer auf der Oberseite des Schädels des fast nicht mehr existierenden, gegen die seine Antennen schnell in Verbindung. Ihre empfindlichen Enden vergeblich ein Zeichen des Lebens in den regungslosen Körper sucht sie auf zwei Beinen bezeichnet für tot, als ein leises Zischen aus dem Mund des fliegenden Insekten. Sie legt dann die Antenne in den niedrigen Luftstrom aus dem alten Zikade.

-Dank Große Zikade.

Erste glücklich die Armen Zikade am Leben zu wissen, fühlt sich der junge Ameise den Saft seiner Mandibeln stieg um zum legendären großen Zikade verglichen werden, die auf das Leben aller Zikaden in großen Göttin herrscht. Einige haben diesen Vergleich zu einem Rausch der Krise gleichgesetzt, als der junge einfach sozialisieren seinen Status durch diese bewusste Zikade in Gegenwart von nur einer sein anerkannt sieht wie der große Zikade der Lage, ein besseres Leben, all diese Insekten zu führen.

-Es Ist gut, die junge Ameise starten die beiden Soldaten, die auf der Lilie, Sie auf unserem Boot zu bekommen.

Impassive auf die Situation, laden sowohl die Zikade Ameisen auf dem Rücken an Bord durch die Brücke durch den immer noch regungslos Krieg zwischen den beiden Schwimmpflanzen gebildet zu bringen. Das tut sie finden das Leben nach dem Durchgang der jungen sozialistischen auf seinem Pontonkarosserie. Die Göttin Kopf gefördert wieder nimmt wartet das Kommando über die Skiff es sicher in den überfüllten Bank der ganzen Masse der Ameisen führen.

Auch dort ist zu erwarten, wie es war, diese Wasserlilie verloren. Es hat sich auf alle Insekten wesentlich geworden, die zu leiten soll. Sie vermutete, aber als Ersatz für die große Göttin der Zikaden auf der Erde, ist sie jetzt überzeugt. Ohne seinen großen Gedanken Geselligkeit, sind alle zu einem egoistischen und nutzloses Leben verurteilt.

Die ganze Zeit, die lange Reise, es befiehlt seinen Raum mit weichen und tröstende Worte an die Adresse des alten Zikade verletzt. Und jedes Mal die Antwort des unglücklichen ist immer dasselbe; "Danke, dass Sie große Heuschrecke." Grown ständig in den Rückruf seines neuen Status in den Augen der Zikaden, Repait der junge Führer, die Zeit und sieht seine Weihe nächsten großen Schritt, oder besser gesagt Ruder, als die Bank nähert. Sie kann jetzt in jeder der vielen Ameisen Gegenwart und dem Orchester der Zikaden thront auf dem großen Stein zu unterscheiden.

Eingedenk der Bedeutung seiner Ankunft, diese intelligente intern jedem Moment dieses großen Moment vorbereitet zu kommunizieren. Sie hielt Befehle an seine Ruderer Schreien, die trotz all des Paddels in die richtige Richtung halten, zum Erstaunen der jungen sozialistischen. Sie bückt sich, um tiefer und tiefer über die alte Zikade als die Rettungsdecke der Küste nähert.

Gesammelt am Eingang der abgerissenen Brücke, brüllt die Menge ein freudiges Gerücht Ameisen ihre Geselligkeit Führung zurück, um es zu sehen. Diese Grollen aus der Masse führen die länglichen Ruderer. Jede erhöht seine Anstrengungen, die Bank zu nähern, ihre Beine zu später in Wasser aussehen wird das Blatt zu einer mind-blowing Geschwindigkeit zu bringen. Der junge Leiter sieht die Flügel der Zikade Lebenslauf Leben unter dem Druck der durch die energetischen Soldaten geschaffen Wind. Erfreut, streichelte sie den großen Schwanz des Tieres, wenn es das Andocken zu retten kommt mit Brutalität durchgeführt wird.

Die Bahn, die durch die Ruderer auf Ameisen Freude am Ufer massierten gegeben ist berechtigt, das Boot über den Standort der zerstörten Brücke getragen. Das Blatt beginnt die Blätter von Wasser begraben Surfen und dominieren dann die imposanten Friedhof Ameisen für den Ruhm dieser Rettung ertrunken. Fast fünfhundert Kadaver in einem unglaublichen Chaos verstrickt. Die Panik Nahme, sie haben alle ihre legendären Solidarität vergessen, auf den niedrigsten Überlebensinstinkt weicht.

Kleiner als alle ihre Schwestern hat die neueste Rekrut an die Armee der Kolonie der menschlichen Insekten keine Chance zu überleben, um die Panik Folge hatte. Wie alle anderen hat sie die Brücke fühlte sich unter dem Gewicht der Zahlen versank und versucht hat, den schnellsten Weg möglich machen. Aber die Lebhaftigkeit seiner jungen Beine konnte nicht für seinen Mangel an brutaler Gewalt gegen seine Schwestern ausgebildeten erwachsenen Körper kompensieren. Eine verzweifelte Klaue in ihrem Rücken gepflanzt, Blatt sie auf dem Teppich ertrank Pinning, wie es in der Minute, die folgten. Jetzt Teil der Ruinen des Kunstwerks begraben, git es auf der Rückseite für eine bewegungslos Ewigkeit, dass das zerbrechliche Handwerk gestrandet auf die Marke von seiner Vorderpfote gezogen kommt nicht stören wird für einen Abschied von seiner Kolonie angehoben .

Das Gestein durch die Klaue Netz gebildet stoppt das Rettungsfloß. Die Ausbildung und Instinkt des erfahrenen Elitesoldaten machen es tiefer seine Krallen in den Boden des Bootes zu pflanzen, wenn zwei Ruderer sich weg durch die Kraft ihres Impulses aus dem Blech finden angetrieben gestoppt tot. Ein abruptes Absetzen verurteilt sie dort oder Erfahrung rettete den Krieg, als die einzige Chance, die junge sozialistische von einem mitfühlenden Flügel, dessen Gewebe gerettet zu werden erlaubt hat sich verlangsamt genug seinen Flug ins Ziel zu seinem Weg auf Blatt. Nur ein Abstand von Klauenkante des Blattes, fühlt sich der junge Ameise von den Göttern gesegnet für die Weitsicht, mit der Zikade zu speichern, ohne die wäre es auch mit Sicherheit tot, als die beiden soudardes uninteressant.

Der junge Leiter verschwendet Zeit nicht für das Schicksal seiner beiden Ruderer durch bewusste Wesen Ende ihrer Nützlichkeit auf der Erde (und in den Gewässern durch die Tatsache) erinnerte bemitleiden. Es berücksichtigt alle Parameter, die für eine gute Analyse dieser gefährlichen Situation mit möglichst wenig Schaden an seinem Körper zu entfliehen und vor allem für das jeweilige Bild. Sie kann sich nicht leisten, ihr Prestige Kopf beflecken so nah an diese unfähig so nah versammelt, die alle sehen würde, wenn ein Fehler seinerseits. Motiviert durch die Angst vor der Glaubwürdigkeit zu verlieren, die Neuronen der jungen sozialistischen Turbine bei jeder Geschwindigkeit bis zu dieser einfache und perfekte Lösung in den Sinn kommt.

-Soldate, Descend die Tiefe des Wassers überprüfen.

Ungerührt, gehorchte der große Krieger über das Unbewußte, um ohne zu denken. Sie springt am Bug des Blattes Fuß auf den Kadavern von ertrank nicht mehr existierenden zu nehmen. Nur die Spitze seiner Maske von der Oberfläche des Wassers vorsteht, wodurch das Risiko für junge frailer Ameise enthüllt nicht atmen.

-Nicht Bewegen. Ich bekomme den Kopf startet.

Der junge wirft zwei gerade Beine Körper der Zikade leblosen sie auf dem Rücken geschoben. Nachdem das alte Insekt gegen sie installiert ist, sie versichert ihr, die beiden Beine halten, bevor sie den Verletzten nach hinten zu umgeben Falten. Bereit für den letzten Abschnitt, steht sie auf und an seinem eigenen Paar Hinterbeine, bereitet sich auf die Krieger halb versunken zu verbinden.

ermutigenden Beifall von der Menge am Ufer stieg, als sie
mutig Fuß auf der Rückseite des Kriegers vor der Einnahme
erholt, dass sie eine neue Ordnung so schonend wie möglich
gleitet.

-Jetzt Können Sie sich langsam vorwärts bewegen. Wir sind fast
da.

Vorsichtig geht der Krieger mit seinem Wasser Blume Maske.
Vor jedem ihrer sechs Beine zu installieren, sie tate den Boden
vorsichtig harter Punkt sucht, kann sein Gewicht und das seiner
schweren Last zu unterstützen. Der Fortschritt ist lang, aber Bein
nach Bein, es wird schließlich auch das letzte erhaltene Stück
der Brücke erreichen, wenn die jungen Ameise Gott zu ersetzen,
entschieden. Kommen Sie einen halben Fuß der
Schichtwiderstand, geht es ihr Gewicht auf dem Kopf des
Kriegers, der nicht außer Atem nicht stehen über einen zweiten
Schnorcheln und dann erliegt, dass der junge sozialistische
springt mit seiner Last auf der grünen Oberfläche. Sicher,
beendet er seinen Marsch an die Küste prallen Brust, wo das
Meer Ameise, bevor es für Urlaub fährt den großen Felsen zu
kommen, wo sie die Leiche des alten Ameise abgeschieden, um
die Füße des Orchesters Zikaden.

Abseits vom Rand, ein wenig rote Ameise keinen einzigen
Moment dieser unwirklichen Szene verpassen. Sie hat alle
Details nicht gesehen, aber glaubte, genug zu haben, damit an
der Spitze zu melden. Sie fiel leise tief im Gras, auf der Suche
Antennen verfolgen es hat seine ausgezeichnete Verstecke und

von der Macht in seinen sechs Beinen auf den Gebieten östlich der großen Lichtung zurückverfolgt.

Der Spion hört nicht an der Spitze der Großen Mauer, die die Zeit eindeutig identifiziert werden, als auch ein Mitglied des anthill. Es ist schnell mit dem Chef Soldat führte seine beunruhigende Bericht der göttliche Seite zu unterbreiten, die das Ende verbirgt.

Und die Ameise reduziert die Zikade auf der Erde auf dem Wasser zu Fuß vor das Schwarze Meer vor ihr an der Spitze zum Altar öffnet, von denen die Zikaden saß bereits gesammelt.

Die Sicherheitsbeamten wird durch die Art und Weise tatsächlich besorgt, in dem seine surrealen Spion die Ankunft der Ameise am Ufer wahrgenommen. Tief im Inneren wusste sie, dass es notwendigerweise eine unsichtbare Boden bündig mit der Oberfläche war oder unterstützen Ameise, aber wenn sein Spion fast überzeugt war eine wunderbare Veranstaltung zu besuchen, was t- es alle Ameisen Vereinigung der siebenundzwanzig, die bereits eine Tendenz, in einer Welt, von der realen weg zu leben?

Und der große Barbar ist nur leicht nicht zu verkennen.

Das Aussehen der jungen sozialistischen zu Fuß auf dem Wasser hatte den größten Einfluss auf die Menge von Ameisen in der Kolonie der Menschenrechte und ihre vielen Verbündeten. Das Recht zurück trotz des Gewichts des alten Zikade auf dem

Rücken, schaffte sie den Master-Takt einen großen Eindruck auf die alliierten Soldaten auf den Wellen davon überzeugt, so viel wie der göttliche Aspekt seiner Ankunft zu machen, wenn nötig sogar , ungebildeten Arbeiter aus seiner eigenen Kolonie.

Alle schweigen, wenn der junge Ameise feierlich Zikade Füße ihrer Schwestern abgelegt. Sie alle besuchen diese Familien-Event mit tastbaren Emotion. Ganze Orchester Sprünge aus dem großen Felsen ihren älteren beizutreten. Einige schlagen ihre Flügel den Fall der Engel verlangsamen, die in einem Kreis um ihren Freund entstehen.

Die glücklichen Gesichter der gewöhnlichen Sänger nehmen ihre traurigste Erscheinung nach einer Weile. Alle verlassen sich auf die Finger der Hinterbeine und Hände auf den Boden gelegt, ihre Masken gegen die Erde fallen. Die Spitzen ihrer Flügel gefaltet in den Himmel zeigt, sehnen sie die große Zikade freundlich verletzt den Schlaf wiederzubeleben. Chants steigen Antennen Sänger zum Himmel mit Hoffnung. Sie beten inbrünstig zum Verschwinden der Sonne hinter dem Horizont des Teiches. Noch unbeweglich ist glühender prieuses mit der Tatsache abgefunden, dass das Leben ihr lieber verlassen hat, wie das Licht von der großen dunklen Lichtung verschwunden.

Ameisen verlassen die Zikaden in ihrer Beerdigung Ritual nach die Zeit nehmen, um ein Loch für diese Sänger in Trauer zu graben, kann der Körper begraben, wie durch die große Zikade erforderlich. Antennen, sie führen zwei Ameisen, die in dem größten Respekt für die Tradition der Zikaden amtieren. Vorsichtig rollen die beiden Arbeiter den Verstorbenen in einem Stück weißen Rinde von einer benachbarten Birke genommen.

Der weiße Zylinder gefüllt, sie laden Sie es auf dem Rücken und zu Fuß zum Takt der von verwaisten Zikaden gespielt requiem. Deaf Wellen füllen die starke Luft der Lichtung, die Ameisen Mut nehmen. Ihre Körper würden nicht trocken, so würden sie genug Tränen weinen einen zweiten Teich beim Anblick dieses traurige Schauspiel sie aus der Ferne beobachten zu füllen, wie nicht die Privatsphäre ihrer Freunde Flüchtlinge nach Hause zu stören.

Beide Ameisen halten am Rand des Loches durch ihre Schwestern gegraben. Gerade und ernst, erwarten sie die Geste Antenne, die die sterblichen Überreste in ihrem letzten nach Hause schicken Kaution wird. Undurchdringlichen, sie erwarten, dass die lange Litanei von Gebeten zum Ruhm des großen Zikade abgeschlossen ist.

-Der Große Zikade ist groß!

Diese Worte stehen am Ende des endlosen Gebet der Zikaden und den Beginn der Deponie lästige Pflicht für beide Ameisen, die zuerst mit der glatten Rinde Mantel und seinen Inhalt in das Loch Datei. Die vereinigten Zikaden verlassen das Grab in der Stille nach jedem ein wenig Schmutz auf ihren Füßen warfen sie den Mantel bedeckt die beiden Arbeiter verlassen. Der letzte Grund Kiefer über den Toten geworfen, beide Ameisen zurück ins Nest eine schlaflose Nacht, bevor ein neuer Tag an den Gott der Arbeit gewidmet zu verbringen. Weinen gesungen Zikaden erschallen die ganze Nacht zur Verzweiflung des alten Chamberlain. Letztere immer mehr Sorgen geschafft, seine Angst zu verbergen und eine Stimme verleiht, um seine Sorge zu verzichten. Sie konnte sich erinnern, aber die ganze Nacht in

Tränen unterziehen Zikaden in seinem Testament richtig war. Sie hatte genug und ging morgens zur Königin.

Asylwerber.

Reverence am Eingang zur königlichen Kammer gemacht, die alte Ameise Antennen Rampe seine Monarch ihn der vielen Bedenken zu informieren, die seit Anfang dieses Tutorials Politik der Kolonie von Belang sind von der sozialistischen Jugend. Es wird ausführlich auf alle Ereignisse des Vortages zur Königin ständigen Klagen dieser Feind des Fortschritts außer sich.

-Laisses Jugendliche ihre Zukunft entscheiden. Sie sind in der Lage, den besten Weg zu finden, um eine glänzende Zukunft zu gewährleisten.

"Aber heute haben wir mehr als fünfhundert Arbeiter für die einzige Rettung eines toten Heuschrecke verloren. Alle seine fehlenden Schwestern für alles, wir können nicht zulassen, sie diesen Wahnsinn fortsetzen.

Halt die Klappe, oder ich werde die Wache anrufen und ich machen Sie den Kopf zu reißen.

-Es Gibt nun über Haft. Sie sollten sich bewusst sein. Sie haben wie verrückt werden, wie sie sind. Sie haben völlig senil geworden.

Die Königin unterstützt nicht mehr Arroganz und Vulgarität seiner alten Berater.

-Garde!

Sein Schrei ist noch nicht abgeschlossen die alte Ameise hat bereits das Zimmer verlassen. Die Beine um den Hals, sie läuft so schnell, wie sie durch das Labyrinth der Galerie konnte, in denen schwingt wieder den Ruf des alten Monarchen. Résonnement die Kupplungen des alten Chamberlain bedeckt schnell durch den Aufruf der Hilfe ihrer Mutter geweckt Ameisen Stretching. Die gerade Antennen zur Decke gehoben, suchen die erwachten Arbeiter den Grund für diesen beunruhigenden Anruf. Schon am Eingang ihrer persönlichen Höhle stehen, sehen einige gehen sie vorbei an der verstört alte Ameise und folgerte, dass es auch aus dem Grund für dieses katastrophale Ereignis suchen ist.

Langjährige, ist die sozialistische Jugend bereits vor dem Eintritt in die Kolonie für Verstärkungen aus anderen Kolonien für einen weiteren Tag der Arbeit in den Dienst der Sache der siebenundzwanzig Vereinigung fourmicratiques Kolonien der großen Lichtung. Außerdem will sie um Hilfe zu rufen und versteht sofort, warum Vergangenheit ihrer Seite stürmte das alte Insekt sah. Sie versucht abzufangen, aber der Kämmerer gerissen ausweichen Mandibeln schlug vor ihr und verwaltet den sicheren Hafen der dichten Grasmatte dies hinter dem anthill zu erreichen. Einmal hinter einer dicken Schaumstoffwand erreicht, undichte Atempausen. Sein Körper ist nicht lange daran gewöhnt, so heftige Anstrengungen ohne Vorbereitung. Sie schnappt nach Luft laut unter den Augen einiger Beobachter unsichtbar, während Geselligkeit den jungen ein Team geschickt, um die Ameise zu erforschen, die Gotteslästerung begangen, die Königin und die aufgeklärte Politik der sozialistischen Jugend des großen Ameisenhaufen zu beleidigen.

Die Mannschaft von sechs Ameisen, auf der Suche nach den gefährlichen Rebellen geschickt, folgt dem Pheromon-Spur durch den undichten Atem hinter sich gelassen. Der Weg ist einfach für das Team von jungen Ameisen von einem alten Soldaten trainiert geführt zu folgen. Zögern Sie nie Scout in seinen Fortschritt tut. Kein Rucken, wird kein Unterschied zwischen den duftenden Spur links von der alten Ameise und der Weg durch die kleine Gruppe von Jägern genommen. Sie fallen schnell auf fuyarde sie umkreisen, ohne ihm eine Chance zu geben, sein Schicksal zu entkommen.

-Sorry, Aber die Aufträge sind klar. Feind des fourmicratie muss für das Wohl aller verschwinden.

Der Scout rückt gegen sein Opfer während seiner Anklage besagt, die haben wollte ist der Fortschritt zu widersetzen zu sozialisieren Glück marschieren. Angekündigt den Satz, geht es weiter auf dem Vormarsch, schnappte seine Kiefer kräftig, ohne die gewünschte Wirkung. Der alte wird bestimmt seine Maske zum äußersten zu verteidigen. Noch außer Atem, sie ihre Beine für den letzten Kampf entfaltet. Körper nach hinten gebogen, die Backen auseinander zu ihrem Maximum, sie zischt laut, bereit, sich auf den Angreifer zu stürzen. Zuschlagen wieder treffen um es in defensive Position unter den Augen von fünf jungen, um den Status reduziert Ameisen eines Zuschauers.

Die Mandibeln ihre heftige Hämmern aufhören, während das Echo des Waldes setzt dieses Geräusch gegen die Antennen aller Protagonisten zurückzukehren. Ungläubig, sie werfen und ihren Kopf zu drehen in alle Richtungen auf der Suche nach dem Ursprung dieser unbekannten herausspringt, wenn die Blätter zehn Barbaren Ameisen. Die Mandibeln nach vorne zeigen sie eine durchaus aggressive Haltung gegen diese Pazifisten einfach sucht das Gesetz zu erzwingen. Cons Beine Beine, gewürzt barbarische Form eine bewegliche Wand an den Kontakt mit den Ameisen der Kolonie gütigen Lichter gehen bestimmt.

Während der alte Soldat sein Opfer verlässt die viel größere Gefahr durch diese gut ausgebildeten Krieger aus dem alten Ameise begleitet außer Atem, die fünf Arbeiter ihren Instinkten folgen bereits vom Geist geformt gestellt zu Angesicht Geselligkeit bei der Arbeit. Fühlen obwohl sie alle zu viele an diesem Ort sind nicht sie Hauptanliegen Krempel, gelten sie die ausgeklügelte Technik der strategischen Rückzug, auch bekannt hektische Flucht von Spezialisten Ameise militärische Strategie.

Rote Krieger nicht verliert Energie fortzusetzen. Sie bewegen sich die Enden der Wand bilden, wodurch eine unweigerlich tödlich Belagerung der einzige Vertreter der Armee der Kolonie der menschlichen Insekten zu initiieren. Umkreist der Scout schaltet sich keinen Winkel zu den Barbaren des Ostens zu bieten. Seine Antennen in den Himmel zu kämpfen, während verzweifelte Hilferufe zu dem Marsch der Alliierten Senden in Richtung anthill. Die angreifende Lachen seiner verzweifelten Versuche und fließen zusammen auf dem rotierenden Ameise Biss, die man einem Bein, das andere in den Bauch, bevor er aus Mangel an Boden bricht zusammen. Seine Krallen riss Beine bald neben seinem Körper regungslos wieder durch den Kopf der Ablösung aufgebrochen, die barbarische kommt geben ihm den Gnadenstoß eines Mandibeln an der Basis des Kopfes genau angewendet Fangen der Scout Qual. Die Maskenrollen am Fuße der alten Ameise besorgt über sein Schicksal, wenn der Gruppenführer befasst sich mit der undicht.

-Sie Haben uns.

Zögernd, wirft die Ausbrecher ein verängstigtes Antenne auf dem Halskopf des Körpers des Scout und folgt denen es seine sauveuses nun betrachten kann. Platziert in der Mitte der Gruppe, die sowohl für seine Sicherheit Lage sein, die sauveteuses zu überwachen in einem tollen Schuss in Richtung der Barbar Kolonie zu quetschen sie ohne Probleme erreichen.

Im Westen treffen sich die fünf Ameisen zugleich der Zweck ihrer strategischen Rückzug unter den entsetzten Augen der jungen sozialistischen im Gespräch mit den alliierten Militär Cheffes über die Wiederaufnahme ihrer Soldaten bereits am Rande der geraffte Teich. Der junge Leiter aufhören, eine Erklärung, wenn sie Feiglinge sieht in die Kolonie atemlos laufen. Sie wissen auch nicht aufhören, ihre Spitze vorbei sie eng rasieren Burst in die Festung eindringt, die sie den Eingang mit dem geplanten Kies schließen Zugang im Falle einer Bedrohung von außen zu verweigern.

Dieses Verhalten zeigt den jungen roten Geselligkeit. Sie verlässt Officers Verbündeten diese Vorderbeine Pfund auf Felsen Verriegelung ohne Antwort feige Zuflucht hinter bekommen.

-Abfahrt, Ich bin es, dein Kopf. Sie haben nichts zu befürchten. Nur hier verbündet. Wir sind alle Schwestern.

Die Beschwörung dieser Beziehung hat eine Art, die jungen Arbeiter zu beruhigen. Zaghaft die Stein rollt sich sui die unruhig Ameisen Tageslicht erscheinen zu lassen. Sie kommen aus nach einem langen Überblick über ihre Antennen vor ihrem Kopf und Verbündeten neu zu formieren, die sich zusammengeschlossen haben, den Grund für diese plötzliche Verlassen des Gesprächs zu verstehen, von ihnen verbündeten Solidarität anzufordern.

Wo ist der Kämmerer?

-aus Red Barbaren ausgestellt. Wir haben versucht, ihn zu stoppen, aber nicht widerstehen gegen sechsundfünfzig, die Tapfersten der Arbeiter auf dem heroischsten möglich erfüllt.

-Six Vor fünfzig und Sie haben keine Verletzungszeichen. Was denken Sie, liebe Krieger Freunde?

-Fuite Vor dem Feind, sie waren Soldaten, sollten sie sterben.

-So Tun Sie, was Ihr Beruf ist.

-Pitié Flehe Herz in fünf Ausreißer, indem Sie auf die Artikulation ihrer Beine vor der jungen sozialistischen Springen.

Der Verurteilte kaum Zeit haben, zu sagen, mehr als das Militär ihr Büro getan haben. Von einem Experten Mandibeln Schnappen, sie haben eine ruhige Hand, diese Verräter an der großen Sache animalisch enthauptet.

-Nun, Richten Sie den Körper auf beiden Seiten des Eingangs, so dass jeder sehen kann er kann die große Sache der menschlichen Insekten nicht folgen und zu ehren.

Militär installieren Sie sie so hoch wie möglich bleibt an der langen Wand der Festung, so wie sie für alle Arbeitnehmer sichtbar zu machen, bevor sie am Eingang zum Nest der Lichter kamen. Alle sollten sich bewusst sein, dass kein Fehler kann nicht nach vorne in ihrem großen Sprung erlaubt werden. Sie sind eine Ameise und muss unter allen Umständen vereint bleiben.

"Kommen Sie vor Ort an die Arbeit neu zu starten. Und dort, versuchen die zuständigen Spione zu schlagen zu überprüfen, ob der Einbruch nur die Tatsache einer Gruppe von Spionen oder Anerkennung für eine groß angelegte Aktion. Wir müssen alles

aus den roten Ameisen erwarten. Sie haben immer unser
Reichtum beneidet.

 Die Gruppe der Beamten endete die Diskussion zu diesem
ernsten Feind Einfall während der kurzen Fahrt, die sie an die
Küste führt, wo sechsundzwanzig erfahrene Spione gefunden
und schickte Mission Intelligenz im Gebiet der östlichen
Barbaren.

Ankunft in den Mauern der Festung von roten Ameisen, Ameise
der alte Westen direkt von der verantwortlich für den
reibungslosen Ablauf der Kolonie zugeführt wird. Diese werden
in der Lage, um endlich zu verstehen, was wirklich die
siebenundzwanzig Kolonien westlich der großen Lichtung
innerhalb der Union geschieht. Denn jetzt kann es auch alle
Informationen in Wissen gesammelt haben, um alle Winkel zu
untersuchen, ist es unmöglich, genau zu gelingen, diese
unbekannte Situation zu verstehen in der großen Welt der
Insekten.

Die alte Ameise versucht, den Inhalt der Tierrechte in der Praxis
bei der Regelung der Rechte des Insekts und seine Vor-und
Nachteilen Denken zu verstehen. Der Bau der Brücke die
Zikaden zu helfen, Zuflucht bei Ameisen in den Wintermonaten
zu nehmen und erlaubt die kulturelle Bereicherung durch seine
Ruheliebhaber. Die alte Ameise braucht es mehr Zeit, um die
Natur dieser Bereicherung zu erklären, aber der Barbar das
Konzept des Reichtums durch das Lernen, Lieder und Tänze
erstellt nicht verstehen kann. Vor allem aber keine Verbindung
zwischen dieser nutzlosen Reichtum sieht hat es immer der

Ansicht, dass die Ernährungssicherheit und Reichtum die einzige, die in der Welt waren, und die unnötigen Tod von mehr als fünfhundert Ameisen links an der Unterseite des verrotten Wasser ohne Gegenleistung oder irgendwelchen posthumen dank für die Arbeit, die sie bis in die letzten Momente ihres Lebens erreicht haben.

 Ant -Foi, das hat noch nie in der großen Geschichte von Insekten zu sehen.

-Sie Müssen verstehen, dass ich mehr Angst vor dir als dieses. Außerdem bitte ich die Zeit, um meine Kolonie zur Besinnung kommen Asyl.

Die rote Ameise nur wenige Fälle von Differenz in Herkunft und stimmt sofort positiv mit einem Kongeners in Not auf diese Anfrage zu antworten. Rot oder schwarz, muss eine Ameise durch eine andere Ameise gespeichert werden. Dies ist das erste Gebot aller Ameise. Mit freundlichen Grüßen, werden Sie immer zuerst helfen. Der große Manager nicht vergessen, diese Regel offenbar in der Kolonie der Rechte des Insekts und seine neue sozialistische Mentalität ohne Respekt für die Traditionen verschwunden, die Ameisen haben es zu ertragen und in ihrer Geschichte gedeihen.

-Natürlich Meine Schwester, können Sie mit uns Zeit, die Sie bleiben bitte. Sie können die letzte gesunde Ameise Geist aller siebenundzwanzig Vereinigung Siedlungen westlich der großen Lichtung sein. Als eine Ameise wurde, können Sie mit allen

Vorteilen aufgrund Ihrer Flüchtlingsstatus in seiner Heimatkolonie verfolgt bleiben.

Danke, kann ich zeige mich für diese Gunst dankbar.

Diese Bestätigungen erhalten mit Bescheidenheit, rote Ameise verlässt die alte Zuflucht Besitz seines neuen Quartier zu nehmen. Eine Grube wurde für ihre in der Nähe von dem Dachboden gegraben zu bewahren kann seine alte bewährte körperliche Anstrengung vermieden werden. Obwohl Verstimmung im Alter in Betracht gezogen werden, bedankte sich der Flüchtling schnell seine Gäste, indem sie die maximal mögliche Service zu machen. Sie zählt die Nahrung als abgehende und seine besten Kammer erleben.

Während seiner geschützten absetzt, der Leiter der Ameisen machte die Verteidigung der effektivste Weg möglich reorganisieren. Sie weiß noch nicht, was die wahre Natur des Angriffs sein kann kommen, aber seine Krieger Instinkt gab ihm das Gefühl, dass das Risiko immer größer mit diesen vereinigten Kolonien in einem Delirium völlig abnormal und unmoralisch nach Standard anthill.

Die Patrouillen werden verdoppelt und die große Schutzmauer zu treffen gestärkt. Scouts ständig die Umgebung auf der Suche nach jeder feindlichen Haltung durchstreifen und die Wand mit mehreren Höhen von Ameisen verschönert wird. Arbeiterinnen arbeiten unermüdlich für den Ausbau des Gebäudes sie in großen Beitrag der nassen Erde versammeln der Saft aus ihren Bauch zu durchbrechen versucht es so widerstandsfähig wie möglich zu machen. Gut geglättet, wird die Wand eine unzerstörbare passierbar zusammengehalten nur Öffnungen für diesen Zweck vorgesehen.

Die Spione aus dem Westen nicht scheitern, die militärische Aufbrausen in Fortschritte auf dem Gebiet der Barbaren und informieren, sobald die Beamten der Union von siebenundzwanzig zu sehen.

Der Sturm.

Hoch oben auf dem großen Felsen, die jungen und verwandte Cheffes Geselligkeit beobachten aufmerksam die Wiederaufnahme der Brückenkonstruktion. Es sieht noch besser Partei als am Tag zuvor. Ameisen bei der Arbeit haben weniger Schwierigkeiten, die Stücke in eine vollkommen starre Anordnung in den ersten Runden zu montieren. Keiner sagte alle, aber nach innen unter den ersten Stücke des großen Überbau dieses dicke ant Karkassenschicht segnen. Sie sicherlich erstarren und die ersten Schritte der Rekonstruktion führen durch einige der Arbeiter ermöglicht Blätter Harness Weben der Körper unter Wasser halb zu arbeiten.

Viel Zeit wird auch gewonnen, und wenn die Zikaden aus ihrem
langen Schlaf entstehen, wenn die Zeit die Sonne im Zenit steht,
hat die Brücke bereits gefunden, die Länge behauptete er kurz
vor seinem Zusammenbruch. Dieser Erfolg ist ein echtes
Kunststück Zikaden mit Songs aus ihrem Durchsicht zu
begrüßen. Sie wollen in ihrer Freude auf dieser Seite zu
beteiligen und zu motivieren Arbeitnehmer ist ihre Teilnahme
daran. Es ist schwer, Arbeiter zu motivieren, aber das harte
Arbeit hat sie nicht zu erschrecken und einige bereits reif helfen
fermentiert sie auf sie nehmen, und selbstlos sind auf die
schwierige Aufgabe zu intensivieren, den Standort zu
motivieren. Ihre Wirkung ändert sich nicht das Tempo der Arbeit
aller Beschäftigten, die bereits bei ihrer maximalen Fähigkeit,
aus dem Beginn des Wiederaufbaus, wie die Zikaden finden Sie,
dass die Leser unter den versammelten sich auf dem großen
Stein in der Gesellschaft von Cheffes Geselligkeit Allied
ungerührt.

Besorgt über die guten Fortschritt der Konstruktion, dauert es
eine lange Zeit, um die militärischen Alliierten die festliche
Atmosphäre von den Musikern aufzusaugen. Sie tanzen nach
großen Mengen von Brombeersaft nach unten. Ihre Körper hart
getroffen von diesem unbekannten vergorenen Früchten
spartanisch sie sind, einige dieser sparsamen Soldaten fallen
bewusstlos schon vor dem Ende des Tages.

Als die letzten Sonnenstrahlen bereiten sich auf die große
Lichtung zu verlassen Weg für den Mond zu machen, hat die
Brücke seit der Wiederaufnahme der Arbeit in den Morgen in
der Länge verdoppelt. Die neueste Geselligkeit im Besitz ihrer
einander beglückwünschen die Arbeit sie in der Lage waren, in
den Tag zu erreichen, da die Alliierten Cheffes, betrunken aus

fermentierten reifen Säfte als Zweige auf der Rückseite ihrer
meisten Soldaten geladen werden Feststoffe für die Rückkehr in
ihre jeweiligen Kolonien.

Socializing junge Menschen verlassen nicht eine riskante Seite
jetzt im Stich lassen das Nest der Rechte des Insekts zu
erreichen, was sie sind jetzt überzeugt, die würdigsten Vertreter
des Seins. Ohne sie konnte nichts abgeschlossen werden, und
Arbeitnehmer mit geringer Qualifikation scheinen klar bewusst
sein, sah den Eifer, mit dem sie kommen, um sie bei ihrer
Ankunft in die Festung von den letzten Strahlen der Sonne
beleuchtet gerecht zu werden.

Dieser Strahl wurde an der Wand der Kolonie des menschlichen
insect ruhen. Spiegelt sich in den Kadavern von auf jeder Seite
des Eingangs ausgesetzt Ameisen, blockiert es ein immaterieller
Wand der großen Truppen Rückkehr von Bauarbeitern.
Gesammelt Gesicht zu diesem Eintrag kreuzen sie wagen es
nicht, werden sie von Angst versteinert. Sie haben Angst, die
Wahrheit zu kennen. Haben sie während ihrer Abwesenheit das
Opfer eines barbarischen Angriff gewesen? Hat die Königin noch
am Leben ist?

Alle leise diese hartnäckigen Fragen ihre Meinung teilen, so
wenig entwickelt. Einige versuchen, zu denken, aber nur bis zur
Bewusstlosigkeit reagiert auf Erwärmung ihre Gehirne nicht
gewohnt, eine so komplexe Übung. Es war diese Unfähigkeit,
eine Entscheidung zu treffen, eine unbekannte Situation zu
begegnen, die die ganze Masse der Arbeiter am Eingang des
Nestes tot gestoppt gemacht, wenn die Leichen ihrer ihrer
Schwester erschienen. Die Ankunft der jungen sozialistischen

markiert das Ende der Qual auf ihre Gehirne auferlegt. Mit ihrer Intelligenz, sie zu erklären und führen sie auf dem richtigen Weg in diesem Moment nicht klug zu verstehen. Während betrunken, bleibt der junge Führer der Bedeutung seines Wertes bewusst. Sie bereitet eine gute Werbung für diese verabscheuungswürdigen Arbeiter zu machen. Es findet sich am Eingang des Nestes zwischen den beiden Gruppen von Kadavern seiner Schwestern in der Größenordnung enthauptet und die meisten totale Stille erhalten zu haben, sie sprach.

-Chères Informed Schwestern der großen Kolonie menschlicher Insekt. Sein Körper sehen Sie unsere Beitritt Fortschritte gefährdet. Sie verweigert die Realität unserer Notwendigkeit, uns auf die Entwürfe des großen Sprung zu folgen und versuchte, die Barbaren zu helfen, ist es, uns zu zerstören.

Es baut auf die letzten Worte, bevor sie eine Pause für ein paar Sekunden, wobei die tosenden Publikum zu ermöglichen Unzufriedenheit zum Ausdruck bringen, dass er durch die Ankündigung des unverzeihlichen Verbrechen des Verrats für jede Ameise würdig auf die Spitze getrieben wird, weiß dieser Name. Sobald sein Stolz lange Applaus gestillt, sie hebt ihre Beine in den Himmel für eine Rückkehr zu beruhigen. Einkommen Stille trat sie in die harte seiner kurzen Rede.

-Vielen Sie für Ihre Unterstützung, und wissen, dass alle verräterischen zu unserer großen Ursache wird das gleiche Schicksal erleiden. Ruhm zu unserem großen Projekt, Ehre sei die Vereinigung der siebenundzwanzig Kolonien westlich der großen Lichtung !!!

Das Publikum wird in Herz, das Zauberwort von der jungen sozialistischen gebracht. Die Vorderbeine in den Himmel gehoben, dreimal, in Nachahmung ihrer großen Führer, schreien sie ihr Ziel.

-GLOIRE! GLORY! GLORY!

seine Überlegenheit gegenüber der Masse der einfachen Arbeiter zu kennen, die junge Geselligkeit wird Repait diesem Plebiszit erwartet. Chest gepumpt von seinem Ego auf, sie das Nest an der Spitze der Kolonie in der Lage, tritt mit der Befriedigung zu sehen, die Qualität der Arbeit eine vollständige Nachtruhe zu leisten, die sie durch ihre Vertreter anerkannt getan haben erleuchtetsten.

Glücklich für die Anerkennung ihrer Arbeit ist mit noch mehr Begeisterung, dass die Arbeitnehmer am Morgen auf die große Baustelle zurückkehren. Ihr Bestreben ist es so, dass Brücke hat bereits eine Schürze fortgeschritten, als Verstärkungen Allied Kolonien kommen. Dieser Empfang vor einem bereits erweitert Arbeit ohne sie motiviert so effektiv, dass die Rede von den Arbeitern zu einfach angesichts der jungen Geselligkeit. Montagegeschwindigkeit so hoch, daß approvisionneuses kämpfen, um die Baumaterialien zu versorgen. Blätter und Zweige gerade rechtzeitig gemacht zu vielen Zeiten des Tages verpassen, in Standard Cheffes vorhanden nicht in der Lage setzen, diese Situation zu handhaben.

Sie werden auf die Ankunft vor Ort der jungen sozialistischen zu einer nachhaltigen Lösung für dieses schwerwiegende Problem benötigen, die den Erfolg der Arbeit auf Zeit beeinträchtigen könnten. Bei jeder Pause gezwungen Collatoren, sie immer einige Zeit, bis die optimale Montagegeschwindigkeit wieder erreicht ist. Dieses Problem ist in diesem Fall nicht eine intermittierende Versorgung wie derzeit, aber die militärische Cheffes fürchten das Tempo schließlich auf einem niedrigen Niveau bleiben, wenn das Versorgungsproblem gelöst.

Die Sonne im Zenit, wird die Lösung schnell von der jungen sozialistischen gefunden. Bringen Sie einfach in Verstärkungen der Arbeit sechsundzwanzig Kolonien der Trägersäule zu stärken.

"Military nicht in der Lage, eine Lösung so einfach dumm, zu finden", der junge Leiter wütend die Verantwortung für diese Monster nicht in der Lage andere Dinge schneiden Körper richtig gewährt, um zu sehen. "Gut, dass wir das gemacht haben verschwinden diese Kaste in unserer Kolonie," innerlich froh, dass die selbsternannten Führer der Kolonie menschlicher Insekt. Sie forderte das Militär auf die Ankunft dieser Verstärkungen Arbeiter am nächsten Morgen, um sicherzustellen, und versiegeln diesen neuen Schritt wieder aufgenommen mit ihr und seinem Genie mit einem neuen Brombeersaft Tour. Und wieder sind diese Cheffes zu ihren Nestern in einem fortgeschrittenen Zustand der Trunkenheit Rückkehr während nüchtern Arbeiter und erschöpft von ihrer Arbeit zufrieden sind, Kraft für den nächsten Tag zu gehen sammeln.

Frustriert nicht die Beispiele des Vortages gewesen zu sein, die Verstärkungen der Alliierten Kolonien sind bereits in Aktion,

wenn die Arbeiter der Kolonie menschlicher Insekt, um die
Website am Morgen kommen. Der Geist erschien am Tag vor
der Konkurrenz im Laufe des Vormittags mit erhöhter Effizienz
wächst durch neue Arbeitskräfte aus anderen Kolonien in der
langen Versorgungssäule hinzugefügt wird. Die Warteschlange
wird nun kontinuierlich und gibt es zwei kontinuierliche
schwarze Linien, die das Blatt Deck entlang ihrer Länge
durchqueren. Die Träger argumentieren Mundwerkzeuge gegen
Abdomen den ganzen Weg zu dem Montagebereich zu dem
Schneidbereich, sind sie ein. Was auch immer seine
ursprüngliche Kolonie Größe oder ursprüngliche Funktion, ist
kein Unterschied sichtbar zwischen diesen Ameisen. Zum
zweiten Mal seit Beginn des Projekts, sieht der junge
sozialistische egalitären endlich seinen Traum Gestalt
annehmen, mit all diesen so unterschiedlichen Vereinigten
Ameisen für den Erfolg eines gemeinsamen Projekts, und dieses
Projekt ist ein Projekt zu. Seine Herrlichkeit ist gesichert.

Auf dem großen Felsen von der Sonne erwärmt, jubelt sie, als
ein kurzer Schatten sie kurz in einem großen Wind abdeckt.
"Was? Es gab am Horizont keine Wolke. " Sie hat nicht die erste
Quelle dieser Finsternis ein zweites Mal sehen, tritt die
Finsternis wieder. Die beiden Schatten hoch über der Sonne
schwebend und bleiben unsichtbar in seinen Augen vor der
großen blendend Platte. Die Antennen folgen die Flugbahn der
beiden gigantischen Schatten sie in eindrucksvollen weißen
Massen drehen, um zu sehen. Diese Weiße Monster Abstieg in
Richtung der großen Wasser sie ihre Weiße über die gesamte
Länge der Landefläche färben.

Auf der Brückenkonstruktion, Arbeiter nicht sehen, die Schatten auf dem Teich hinab. Sie gehen alle über ihre eigene Tätigkeit. Laden auf der Rückseite, kam einer der Arbeiter am Morgen bei der Hälfte der Länge der Brücke angekommen, wenn der regen kommt. Geschützt durch die großen Bogen, sie fühlt sich nicht die ersten Tropfen von Wasser und sorgen gerade große Globen Wasser Land zu sehen, an den Seiten der langen Brücke. Mit Tropfen so groß, wie wollen sie arbeiten auch weiterhin zu tun? Die kleinste von ihnen sind wahrscheinlich ertrunken, um am Ende, wenn der Sturm kommt endlich. Während eine große Slalom zwischen den verstreuten Wasserrutschen angreifen, erwartet sie eine vorübergehende Stopp-Befehl des Geländes in die Luft gestartet wird, wenn die Brücke mit Kraft zu wogen begann. Der Boden steigt auf das Dreifache der Höhe der Arbeiter, die die Gewohnheit hat seine sechs Klauen der Pflanzung den grünen Boden zu halten, im Gegensatz zu den jungen Arbeiter, dass sie weder die Kraft hatte, wurde nach noch die Reflex den Boden der Kraft seiner Paare Krallen zu schütteln. Die jungen Blätter bei der Ankunft des Blattes an der Spitze der Welle, die Zweig Tür schiebt ihn in den Rücken und lässt ungebunden mehrere Tonhöhen ausziehen, bevor sie in die Oberfläche zum Absturz Wasser nur einen Fuß Länge der Brücke, der seinen Aufstieg in den Himmel verlässt noch schneller in die andere Richtung zu gehen.

Der Träger lose Blatt, wenn die Abwärtsbewegung beginnt. heftig plötzlich zuzuschlagen gegen das Blatt am Tiefpunkt seines Falles an die Oberfläche des Wassers zu kommen, die die Oberfläche Raum eines Moment hebt den Bauch plötzlich befällt. Sie hält den Atem an bestimmte Ertrinken zu entkommen, dass viele nicht zu vermeiden, um. Die Dauerschwingung auf der Brücke für einen Moment zu lang für die Nerven des Trägers wirken. Es ist auf zwei Beinen Riss, wenn die Welligkeit niedrig genug wird, um es zu ermöglichen, um den Druck abzulassen und halten seine Krallen auf dem Blatt, dass dank der einfachen Schwerkraft. Sein Bauch streng getestet ihn mit so viel Kraft alle seine Mahlzeit am Morgen, als ob es die Firma Cheffes in vollem Umfang gegeben hatte Verkostung auf dem großen Stein reif vergoren. Die vertikale Bewegung des Blattes aufhört allmählich zu fast völliger Ruhe zurückzukehren. kein Ton mehr steigt aus der langen Kolonne von Ameisen. Der Träger dreht seine rechte Maske, die Gesamtheit der Brücke gegen seine langen Antennen zu umarmen links.

Die lange interminable Kohorte Ameise, bleibt es nur eine Handvoll Überlebender. Der Träger hat zehn Ameisen noch in seiner gesamten Sichtfeld stehen. Alle schweigen, werden sie einander gesehen vor, jedes Mal ihre Round-up von einem letzten Blick auf das Wasser um sie herum zu beenden. Der blaue Bereich hat sich in eine schwarze Fläche von inerten Kadaver verändert. Alle fehlenden Ameisen haben ihre lange Lebensdauer mit den Wasser gefüllten Lungen abgeschlossen. Auf der Rückseite als auf dem Bauch, sie schwimmen alle nicht weit vom Rand des langen Blatt-Gateway. Der Träger und die letzten Arbeiter am Leben bleiben bewegungslos und still in der Betrachtung Zeichen. Diese Hommage an ihre verstorbenen Schwestern endet mit einem donnernden Blasen, die sie alle Sprung macht, sie umgibt Überlebenden direkt im Wasserkörper senden fehlt. Ermäßigungen, ihre Gefühle, alle Arbeiter in Richtung des großen Blowing drehen sie wissen es nicht.

Ruhig und majestätisch, die Ursachen dieser Katastrophe sind in der größten Ruhe auf jeder Seite der langen Brücke inthronisiert. Von einem reinen weißen Gefieder in den Toten des schwarzen Arbeiter Wasser hoch scheint sie zu sein scheinen ignoriert, sicher ihrer Straflosigkeit zu werden, wobei diese beiden Schwäne regelmäßig ihre Schnäbel in das Wasser tauchen, bevor die Szene in Aufruhr verlassen der Teufel. Sie fliehen, bevor er das Ausmaß der Verbrechen erkennen, könnten sie nur begangen haben, gegen die meisten Tierrechte aller Arten. Diese Monster haben das schlimmste Unrecht begangen und haben damit zur Verzweiflung am meisten motivierte Mitarbeiter verwaltet.

Ohne Konzert nehmen Überlebenden einer nach dem anderen das Management der Bank, dass sie in völliger Stille unter den Augen der jungen sozialistischen und alle Ameisen in der Straße Betankung Spalte für die Brücken schnell erreichen jetzt verlassen.

Die Ankunft der Zikaden.

Bevor sie die beiden großen weißen Vögel schnell näher, die einen kleinen Tauchgang verhindert gestoppt schnell wieder in seine Reiseflughöhe zu gehen. Es beginnt wieder sie den Boden auf der Suche nach dem legendären El Dorado Beobachtung mit all ihren Schwestern sind alle an jedem Abend die Rede. Sie beschloss, sein Glück in dieser großen Reise, ohne das Recht zu versuchen, auf Fehler. Fast am Ende seiner Energiereserven, sie versteht jetzt die Bedeutung des Themas. Wenn es nicht schnell einen Landeplatz zu finden, ist es zum Scheitern verurteilt zu dem Boden der dunklen Wasser zu versinken. Die Reichweite wird ihm nicht erlauben an die Bank zurückzugeben, die ihm für seine Reise ausziehen sah. Sie scannt verzweifelt den Horizont einen schwarzen Fleck in der Mitte zu entdecken, von denen eine lange grüne Zunge entsteht. Sie weiß, was es ist genau das, aber seine entwickelte Geist schon weiß, dass es nicht Wasser sein kann, so ist es dort, dass es sein muss. Es hat seine Mühe schafft abhängig von der Entfernung sie ihr Ziel und Wechsel reisen muss, zu erreichen Flügeln zu schlagen und auf seinem Schwung Schweben gleiten, schaffte sie ruhen auf der Spitze der großen grünen Zunge zu kommen mit überrascht nicht als erschöpft zu sein, wie sie geglaubt hätte. Mit Erstaunen entdeckte sie nur auf diese langen Streifen lässt sie in Richtung Ufer wandert.

Am Ufer der junge sozialistische Block jede Passage. Die Vorderpfoten ruhen auf dem Bauch, es verhindert, dass Träger Überlebenden das Festland erreichen. Sie weiß, sie kann verlassen die die Brücke verlassen. Es würde einen Fehler zu überprüfen.

Nein, wir werden für nichts sterben, wenn wir weiter.

Überlebende versuchen, ihren Fall vor dem unflexiblen Führer zu verteidigen, die nicht verbiegen und versucht, auf die Verstärkung Brücken große Bewegungen in Kernschenkel zurückzukehren. Sie lassen nicht so leicht lenken und das Fehlen ihrem Fall die Menge von Ameisen gewinnen blieben Zuschauer hinter den jungen dieser Disziplinlosigkeit vereitert Sozialist.

-Es Gibt! Schreit den jungen Kopf, auf dem Deck einer erfolgreichen Marke zeigt.

Glücklich die erfolgreichste qu'hasardeuse Überquerung der Zikade trottet auf den Blättern der großen Brücke unter den Augen der Versammlung von Ameisen am Ende gesammelt leicht zu haben. Das Publikum ist still, wenn die Zikade Überlebende dieser langen Reise Land erreicht. Empfindlich für Stille, die ihre Ankunft geschaffen, sie akzentuiert die Religiosität des Augenblicks. Seine Vorderbeine unter ihr versteckt, sie setzt Maulkorb auf dem Boden des Eldorado viel und langen Kuss gewünscht. Ameisen bewundern diese neue Ankunft, die junge sozialistische inbrünstig zu umarmen kommt. Die Beine um den Körper des Wanderinsekten gehüllt, genoss sie diese unglaubliche Gelegenheit zu seinem Vorteil, eine Situation zu erholen, die ihm im Voraus schien verloren.

 Sie lockert ihren Griff um die Zikade eines ihrer Beine zu greifen, bevor sie in der Luft zwischen ihnen steigt.

-Look, Gut aussehen! Sie sehen, dass unsere Bemühungen nicht vergeblich sind. Eine unglückliche Nachricht kam von der anderen Seite des Teiches hat es geschafft, unsere Vereinigung mit unseren Schwung und unsere Motivation für eine Welt der Solidarität und Brüderlichkeit unter allen Insekten zu erreichen. Es lebe die große Brücke! GLORY! GLORY! GLORY!

Hergestellt euphorisch durch die Ankunft des neuen Zikade durch ihre Arbeit gespeichert, wieder traf Ameisen im Chor über den Streik diesen Slogan sie bereits tief in ihrem genetischen Code gedruckt haben. Dreimal sie weinen ist in einer Begeisterung, dass der junge schnell Sozialist für einen guten Zweck.

-So Jetzt bei der Arbeit. Wir müssen unsere Arbeit schnell beenden. Dies wird die beste Tribut sein, um alle unsere toten Schwestern während dieser schrecklichen Sturm ertrunken zu beantworten.

Der junge Sozialist sieht bis zum Horizont einen letzten Anstoß zu den versammelten Arbeitern zu geben.

-In Nach vorne in eine Zukunft des Animalischen.

Verzinkte durch die Rede von dieser außergewöhnlichen Lautsprecher, streuen Arbeiter in jeder Richtung zu versuchen, einen neuen Platz auf der Website zu finden, die seine gute Organisation in der Dämmerung auf der großen Lichtung wiedererlangt.

Obwohl qu'ulcérées durch sichtbare Störung der Website nach der Übernahme, die Allied Cheffes und Geselligkeit die junge bevorzugten nicht eingreifen gut, um dort wieder herzustellen. Nach den Ereignissen des Tages, lassen Sie Handlungsfreiheit für alle berufstätigen Frauen nur auf die Moral des Ganzen von Nutzen sein könnte. Das Gefühl, sich aus ihrem eigenen Wunsch arbeiten, um ihre Moral zu tun, aufgeblasen und zu blockieren. Es bleibt Bauleitern besser, die Energie zu kanalisieren, die unter ihren Ameisen gefunden. Aber vorher, lassen sie sich ein wenig Befragung der letzten Zikade Ankunft. Sie fanden den großen Stein mit dem Unternehmen bereits in Zikaden auf der Lichtung für viele Monde. Längliche Kreis um die neue Ankunft, genießen sie die Wärme der Stein von der Sonne während des Tages erwärmt, während schön genießen reifen gut groß und saftig.

-So Sie ohne Mühe gelang es das Ende unserer Deck zu erreichen. Und Sie denken, dass es möglich sein würde, an alle, die das Abenteuer wird versuchen, es zu bekommen?

Die Zikade aufmerksam zuhören, alle Fragen, die die jungen Ameise fragte ihn, und reagiert mit äußerster Präzision, um die bestmögliche Zukunft für seine Mitmenschen zu gewährleisten.

Sei zehn Länge von Ameisen -Kann sicher sein, dass das älteste tun können, aber dies ist ein normaler Fahrbereich für die überwiegende Mehrheit, wenn der Wind nicht im Widerspruch steht.

-Dank Schöne Freund, ich weiß jetzt, wie zu handeln, um Ihre Schwestern, um sicherzustellen, die größte Chance haben, ihre großen Kreuzung erfolgreich zu sein.

Der junge Sozialist und seine Verbündeten verlassen die Zikaden diesen wohlverdienten Komfort genießen und weg gehen zu bekommen. An der Uferpromenade diskutierten sie ausführlich die neue effektivste Strategie anzuwenden. Die Diskussion ist lang und rau mit Soldaten, die eine gemeinsame Front gegen die neue Idee des Genies der jungen Ameise bilden, die mit Entschlossenheit kämpfen sie genehmigen seinen neuen Plan zu machen.

Mit Logik, zieht es jetzt den Brücken erweiterte animalitaire Basis zu sammeln Zikaden in Seenot vor der Küste lang gewidmet zu transformieren. Migrant und auf einer Halbinsel, breit und bequem schwimmenden Blätter und dann zum Auftanken landen konnten den Abschluss ihrer langen Reise in die Beine entlang der Promenade oder redécollant für einen Flug von sehr kurzer Dauer an die Bank. Diese Idee ist schwierig, durch das Militär zu übernehmen, die möchten, dass die Lösung, die eine Sicherheit verursachen kann, die nur eine Brücke zu ihrer starren Geist bringen kann.

Obwohl nur ungern auf diese egoistische Idee, die für das Leben der Ameisen für das Militär offenbar nur Interesse hat, ist die junge sozialistische eine Parade unter seiner Pfote für die erfolgreiche Fortsetzung der Arbeit zu halten. Das Brückendeck Breite wird verdreifacht für die Arbeitnehmer Stabilität bei jedem Wetter für die einzige Sicherheit zu gewährleisten. Dieser Egoismus, die vergangenes Leben von Soldaten vor dem Leben der Wander junge Geselligkeit und gesunde Universalismus ekelt, aber sie ist gezwungen, die Laune zu biegen, wenn sie seine Ideen Tierrechte sehen will weiterhin in der Welt der großen Lichtung, um die Fortschritte und sogar weit über den großen Wasser.

Die Vereinbarung zwischen den Beamten über die weitere
Arbeit verschlossen, die jeweils wieder in sein Nest eine Pause,
in der die Arbeiter gekommen sind, zu finden, bereits von
langen Stunden.

Im Rand der Lichtung, hat sich zu einem barbarischen Spion jede
Folge des Treffens von Cheffes verpassten sie höchst genaue
Beschreibungen. Ausführliche Informationen über die Aktionen
jeweils in aller Ausführlichkeit zu seiner Spitze zusammen. Der
Bericht ist so gut gemacht, dass die Rote Kopf eine Vorstellung
von der neuen Situation, trotz der Tatsache erhalten, dass der
Spion nicht gehört hatte, was zwischen diesen Führern gesagt
wurde, der die Vereinigung versammelten sich in eine
Diskussion zusehends stürmisch.

Kein Zweifel, wappnet für eine militärische Aktion zu einer
Einigung zwischen ihnen ist so schwer zu finden. Morgen, neue
Arbeit muss sich auf die Befestigungen erfolgen. Wir müssen
unsere unverletzlich Hoheitsgebiet. Und von den Anfängen der
neuen Gräben wurden vor der Großen Mauer gegraben Zugang
schwieriger für die angreifende aus dem Westen machen, wenn
zur gleichen Zeit, der Ausguck-Stationen an den Grenzen des
Gebietes befinden sich von roten Ameisen.

-Sie Haben paranoid geworden. Wie können sie uns glauben
machen, dass sie wirklich zivilisiert sind, wenn ihre einzige Sorge
ist, auf den Krieg vorzubereiten, während den allgemeinen
Frieden in Reichweite der Beine ist? Wie dumm?

Die jungen sozialistischen Lachtränen zu ihren Freunden Zikaden in seiner Stellungnahme zu dem jüngsten Bericht zum Ausdruck, dass seine Spione ihm angetan hat. Sie hat nicht die Absicht, mehr als nötig für diese ungebildete Barbaren sich Sorgen, dass sie auch in Zukunft für eine Welt des Friedens ist möglich, auf der Lichtung für künftige Generationen zu beseitigen wird. Das ist dumm, weil sie zu verlieren, seine Zeit in Militär dumm Unternehmen in endlosen Sitzungen zurückgetreten ist. Sie muss halten sie gut zu ihm angeordnet ist und dass der großen Sache es darstellt.

Es ist diese Perspektive, die erfolgreich zu begrüßen mit Freundlichkeit starren Leiter am Morgen im Auge behält. Jeder von ihnen gab Instruktionen in Bezug auf die Änderungen gestern über die Änderung des Umfangs die Projekt der großen Vordenker der Kolonie der menschlichen Insekten gegeben vereinbart. Auch dies ist die Aufklärung dieser anthill, die die Vorwärtsmarsch aller Siedlungsvorposten im Westen der großen Lichtung beleuchtet.

Zusammen mit ihren Verbündeten, bewundern die sozialistischen jung, um die neue Entwicklung der Arbeit. Die Veränderungen im Gebäude gemacht werden sollten, wurden von den Arbeitern schnell assimiliert, die schnell durch die gute und solide Basis voranschreiten kann, ist bereits eine lange Brücke gebaut. Die Pontonbrücke Mutation wird in nur drei Tagen von bedürftigen Ameisen durchgeführt. Die breite Spur angeordnet und konsolidierten Zugang von pontonnières, verwandelt Arbeiter die einfache Brückenkopf in einem beeindruckenden Landeplatz für künftige Zikaden. Sie nehmen sogar Zeit, um eine kleine Schutzhütte zu bauen, unter dem sie einen kleinen Vorrat an Saatgut, um die Aufmerksamkeit der zukünftigen Ankunft ein kleines Komitee von Ameisen Last direkt vor Ort wird Platz installieren.

Die Arbeit ist abgeschlossen, die junge sozialistische kontrolliert den Steg und airstrip mit seinen militärischen Verbündeten. Mit dem Ergebnis zufrieden, sie begrüßt alle Ameisen, die einen Tag der Ruhe zu belohnen und verdiente Feiern.

Arbeiter und Soldaten aller Siedlungen der Union um die siebenundzwanzig Nester westlich der großen Lichtung befinden sich am Fuße des großen Stein für einen unvergesslichen Tag in der Geschichte der Insekten. Saftige Brombeeren sind rund um die große Versammlung ausgerichtet, die ohne Unterbrechung in riesigen Frucht zieht. Die Geister von den süßen Saft erwärmt, frönen Ameisen ihre Körper in inkonsistent Tänze im Rhythmus der Lieder durch die kleine Gruppe von Zikaden freudig gesungen. Fast alle Überlebenden der großen Kreuzung versammelten sich auf dem großen Stein. Nur fehlt die letzte Ankunft der Gruppe.

Der Tag brach einfach über dem Wald auf der Seite des barbarischen Gebiet, sie hat bereits die Richtung des Docks nach dem sie Flug auf Antrag der jungen sozialistischen nahm. Die Frische der Morgenluft erhöht den Auftrieb der Tragflächen der Zikade, die mit Leichtigkeit in Richtung seiner Heimat fliegt. Motiviert durch die Bedeutung seiner Mission unterstützt es mit aller Kraft an der frischen Luft und sehen schnell die Südküste des Teiches statt des blauen Horizont. Stolz darauf, die gute Nachricht von der Realität des Paradieses von ihren Schwestern geträumt zu bringen, findet sie schnell die Sehenswürdigkeiten, die direkt an den Ort des Lebens führen sie vor vielen Monden verlassen hat.

Um Sehenswürdigkeiten einander am Horizont viele kleine schwarze Flecken folgen glaubt, dass es die Gruppe der Zikaden Informationen über die Realität der Existenz des legendären El Dorado erwartet sie vor Beginn der Wintersaison Beitritt träumen . Die Zikade verliert langsam Höhe und schließlich eine nach unten sanft inmitten all ihren Schwestern. Sie bilden schnell einen dichten Kreis um ihre Schwester stellte sich vor, sie für immer unter dem Wasser des Teiches gegangen. Zentrum der Aufmerksamkeit, die Heldin des Tages erzählt stolz seine gefährliche Reise über den tödlichen Wassern des Teiches das Clearing von viel zu verbinden, die im Norden von dieser schrecklichen Teich herrscht.

Schwestern ruhig mit einem zehnfachen Interesse für die epische Geschichte zu hören, wenn der Heuschrecke auf das Thema kommt, das sie alle interessiert. Nachdem das Ende der Geschichte von der tatsächlichen Reise erreicht, Abenteurer Angriff endlich den Teil über Eldorado selbst. Und von diesem Moment beginnen die Fragen zu Schwall von allen Seiten zu Heroin.

-Ist Es stimmt, dass es Lebensmittel überall ohne die Notwendigkeit, jede Anstrengung, um ihn abzuholen zu machen ist?

-Ist Es ist wahr, dass die Bewohner des Ortes sind so glücklich
uns kommen und in ihr leben zu sehen, dass sie uns alle
kollektiven Aufgaben zur Verfügung stellen?

-Ist Es ist wahr, dass das einzige, was von uns singt und tanzt
den ganzen Tag benötigt?

Platziert in der Mitte von allem, wird der Geist nicht verbergen
seine Freude in seinem Leben zum ersten Mal des Seins auf sein
Interesse Zentrum der Familie. Brust raus, aufgefächerten Flügel
der Zikade gebannt sein Publikum hält vor dem Antworten von
der jungen sozialistischen Ameise erhalten, indem Sie versuchen
ein Maximum an Wahrheit und Richtung übereinstimmen. Sie
stellte die gegeben, erinnert sich das Beste aus der Zikaden vor
der Offseason zu bringen. Wir müssen die maximale Energie zu
sparen alle in Sicherheit scheitern. Sein Resümee, kann sie
schließlich die stille Versammlung beantworten.

Ja, all das ist richtig. Dort, im Norden, werden wir genügend Zeit
haben, die wir unseren künstlerischen Freizeit widmen, ohne
sich um Verwaltung zu kümmern. Ihnen wurde gesagt, dass dies
ein Paradies ist und ich bestätige es Ihnen. Paradies erwartet Sie
im Flügel Umfang.

Aber 'ist es nicht gefährlich, wie Reisen, fragt eine der ältesten
Zikaden des Treffens.

Nein, die Ameisen in der Kolonie von Insekten Rechte haben
alles. Sie setzten alle ihre Fähigkeiten zu unseren Service einen

Stützpunkt zu errichten, an dem wir lange fragen können, bevor sie ihre Küste erreichen. Sie haben an alles gedacht. Wir müssen nur fliegen. Ich schlage vor, Sie am Ende des Tages verlassen, um frischer Wind und Wind genießen, die wir günstig sein sollte, wenn es wie jetzt in die gleiche Richtung zu blasen weiter.

-Okay, Daß der große Zikade entweder mit uns zum Weinen im Chor alle Zikaden, die Hoffnung auf ein besseres Leben an den Körper gebunden.

Beruhigt über die Richtigkeit der Legende von vielen verbreitet für viele Monde, verbringen sie den Rest des Tages ruht in der Vorbereitung auf den langen Flug am Nachmittag. Fast alle werden noch am selben Abend ausziehen. Nur der jüngste der Zikaden die mittellos Seite des großen Wasser bleiben alle umliegenden Clans, um zu gehen um die gute Nachricht zu verkünden, und die Möglichkeit, von den Ameisen sofern die Strecke genug, um zu verkürzen für die schwächste von ihnen können auch ihr Glück versuchen, ein Ticket zu einem besseren Leben zu erhalten.

In guter Bote, lassen sie alle in Richtung Süden in die entlegensten Stämme der Küste der Gelegenheit für alle Zikaden angeboten zu informieren. Nach Erwartungen, ist der Empfang der guten Nachrichten recht gut aus diesen ärmeren Zikaden als die am Ufer leben. Und nur die Ankündigung dieser neuen Möglichkeit, sie alle gehen in Richtung Norden für diese große Migration. Dies sind die ersten Tiere der Schöpfung, die Richtung nehmen nördlich der Zahn der Armen so nahe Saison zu entkommen.

Erschöpft bei der Ankunft in den Clan der Bank, die südlichen
Zikaden bereiten eine Nacht auszuziehen vor Ort, bevor sie auf
die Zerreißprobe der großen Kreuzung einsteigen. Neidische, sie
besuchen die Flucht aller Ameisen des Clans, die die
Verhinderung der Möglichkeit gemacht.

Kühl genug gute Flügelauftrieb, leichte Winde aus dem Süden zu
fördern wird eine bedeutende Hilfe für den langen Flug bis an
die Grenze der maximalen Lebensdauer der schwächste von
ihnen sein. Sie nehmen ab der ersten für die robusteste unstuck
nur hinter ihnen unterstützt, zumindest moralisch, zu werden.
Der geschwächte Wind auf dem nördlichen Teil des Sees, der
älteste sehr zu schätzen es kam nur moralische Unterstützung
robuster, wenn sie bereit waren, fallen in den sicheren Tod
gegen die Oberfläche des Teiches zu fallen.

Die Klänge der aktuellen Partei in der großen Lichtung verwalten
nur schwach an den Antennen Ameisen dieser animalitaire
Antenne auf dem großen Ponton. Mit Reserven von Notfall-
Nahrung, sinken sie langsam in Langeweile wartet schließlich für
etwas nützlich zu sein, wenn Sie wie alle Schwestern der Kolonie
der menschlichen Insekten unterhalten kann. An ihren
Antennen die Bedeutung der Solidarität neigt dazu, ihre Mission
so sicher wie ihre Motivation zu verschwinden.

Im Halbschlaf, sie bewegen sich nur, wenn Stille wird ein
intensives Dröhnen unbekannt. Wir brauchen eine von ihnen
sanft Augen weiten sich auf die Realität, die sie vollständig
erscheinen. Einer nach dem anderen, dann ist es ein ganzes
Geschwader von dreißig Zikaden, die auf dem breiten Start- und

Landebahn landen, die sie verantwortlich sind. Kaum auf dem
Boden, dem stärksten Ansturm auf älteren unter ihrem eigenen
Gewicht zusammenbricht, ohne auch nur die Zeit nehmen, um
die Flügel zu falten. Diese plötzliche Veränderung der Landschaft
nimmt die Wirtsameisen aus ihrer Erstarrung. Je schneller gehen
sie zum Wander armen nach ein paar Samen in ihre Reserven
zeichnen, um sie schnell Stärke machen zugewinnen. Sie
versuchen, die Fitness der Zikaden sie erschöpft zu aktivieren,
um zu verhindern, die sich entlang Ponton in der Dunkelheit der
Nacht nähern zu reisen.

Im Bewusstsein der Gefahr einer Nacht sicher, Zikaden nehmen
alle den Weg der Bank setzt. Die höchste nehmen Sie die
niedrigsten auf ihren Schultern die Last auf ihre mageren Beine
zu erleichtern. Zitternd vor Erschöpfung, erreichen sie die große
Lichtung im Song zuletzt durch das große Fest gesungen sie
sowohl den Ehrengästen werden und das Finale.

Der Krieg im Namen der Rechte des Insekts.

Newcomers kann den Reichtum ihres neuen Landes von der
ersten Nacht entdecken. Alle so groß wie die Zikaden bereits
vorhanden ist, werden sie in der Halb Loft voller Ameisenkolonie
Insekten Rechte in der Gesellschaft von ihren Schwestern
bereits installiert untergebracht. Obwohl große, verlässt das
Dachgeschoss wenig Freiraum für alle gegenwärtigen Zikaden,
die beschließen, am nächsten Morgen die Sache mit dem

zuständigen Geselligkeit zu diskutieren. Es ist für sie,
unerträglich in so enger Nachbarschaft leben zu müssen.

Dieses Unbehagen wird durch die frühe Folge von allen
Arbeitern wieder in ihre normalen Zölle erhöht. Alle diese stolze
Arbeiter beginnen wieder die Arbeit der Ernte im Vorgriff auf die
schlechte Saison voraus. Und zu speichern alle Lebensmittel
gesammelt, sie müssen es nur überladen Dachboden von
Zikaden gesammelt.

der junge Socializing ist sich dieses Tieres und Drama bedeutet,
dass die Würde dieser unglücklichen Migranten bis zum Ende
respektiert werden. Dazu ist es am nächsten freie Zelle
Dachboden nach Ameisen, die in diesen Zellen in andere Zellen
zu bewegen, wo sie nur ein wenig mit den ursprünglichen
Bewohnern zu schütteln haben zu schlafen. So gewöhnt an den
Komfort, den sie immer gewusst haben, der junge Sozialist nicht
daran zweifeln, dass sie die Notwendigkeit verstehen, wird ein
bisschen Lebensqualität für die unglücklich verloren kann sich
schließlich genießen, auch.

Erfreut noch einmal seine Geschwindigkeit der
Entscheidungsfindung unter Beweis stellen, die junge
sozialistische Hand steuern den reibungslosen Ablauf der Ernte
Proviant. Es muss kommen für die Verzögerung verursacht
durch den Bau des imposanten hulk zu kompensieren. Es ist
bekannt, dass eine Menge von Ameisen, eine der niedrigsten,
nicht den Winter verbringen, weil dieses Großprojekt, aber
keine Reue zu haben. Dieses Projekt war notwendig, wenn auch
nur für das Vergnügen, diese Lächeln auf die Maske der
neuesten Ankünfte Zikaden gemausert.

Die Passage in der Nähe der Stelle der Ernte getan, setzte sie
ihre Runde der Inspektion den Ponton und Landeplatz zu
erreichen, wo die Ameisen Freiwilligen bezeichneten Tag sind
bereits vorhanden. Undurchdringlichen, warten sie kommen
nicht möglicherweise schiffbrüchig. Nichts ist sicher, aber im
Zweifelsfall sollten sie vorhanden sein. Die Idee ist, in ihnen
bereits tief verwurzelt. Stolz zeigen sie dem jungen Führer sie
für alle Eventualitäten bereit sind.

Und die Möglichkeit, sich schnell zu beweisen, tritt auf, wenn
ein Dröhnen der Flügel aus dem Süden zu hören ist. Sie drehen
sich alle Antennen in dieser Richtung eine massive Wolke zu
finden, die schnell ihre Position nähert. Ein Maß für ihren
Ansatz, schaltet sich die schwarze Wolke in eine Sammlung von
kleinen Punkten, die nach und nach Zikaden werden bereit, auf
der Plattform unzählbare schnell von der Menge der Neulinge
gefüllt zu landen.

Angesichts dieser Masse von Neuankömmlingen, weiß der junge
sozialistische sie wieder eine gute Hosting-Lösung außerhalb der
eigenen Kolonie finden müssen. Sie dachte, schnell und kam zu
dem Schluss, dass er die neuen Migranten zwischen den
sechsundzwanzig anderen Ameisenhaufen der Vereinigung im
Westen der großen Lichtung verteilen müssen. Es ist an der
Kreuzung platziert, die die Landebahn und das große Tor zu neu
gelandet Zikaden zu folgen trennt auf dem Weg ein gemütliches
Nest zu erreichen Orientierung. In kleinen Gruppen werden die
Zikaden in der großen Lichtung auf der Suche nach einem dieser
Ameisenhaufen zu animalitaire Geist erhellen.

Alle diese neuen verwalten Sitze entweder in Ameisenhaufen zu finden und es ist, dass Tag für Tag mit Freude sieht der junge Sozialist die Bevölkerung der Zikaden ohne Unterbrechung, bis eine schreckliche Realität wachsen sie erscheint.

Mit einer Verzögerung von vielen Monden wurden Nahrungsmittelvorräte punktiert, ohne jemals von den Arbeitern der Kolonie gefüllt. Und die Bevölkerung wird ständig durch den Beitrag der Neuankömmlinge zu erhöhen viel größer, aber nicht produktiv, es scheint, schnell auf den jungen sozialisieren, dass Mangel an Nahrung wird ein ernstes Problem im Winter, oder sogar vor, wenn Ankünfte weiterhin auf der gleichen Steigerungsrate zu sein.

Aus Gründen der Information ist es Informationen aus anderen Kolonien der Vereinigung zu entdecken, dass sich die Situation auch in allen anderen Ameisenhaufen ist besorgniserregend und die notwendige Entscheidung, die Entscheidungsträger alle der Lichtung zu bringen muss, um eine Lösung zu finden, das tödliche Drama, das sie erwartet.

Sie suchen einen ganzen Tag, wie dieses Problem einzudämmen, dass sie nur gültige Lösung sind.

-Wir Müssen ein Kies zwei Schläge zu machen. Wir müssen die Nester der Barbaren aus dem Osten zu ergreifen. Wir hätten genug Nahrung für den Winter dank der beschlagnahmten Aktien und unsere unvermeidlichen Verluste, und je mehr wir die Gebärmutter der Foul Tier loszuwerden dieser Mentalität anthill Ausgang bekommen würde.

Die Idee der jungen sozialistischen scheint von der Sitzung der Leiter gut aufgenommen. Man gibt einen leichten Zweifel.

Und wenn wir verlieren.

-Wir Sind siebenundzwanzig Kolonien gegen einen. Wir können nicht verlieren.

Die logische Reaktion der ältesten Militär Cheffes setzt sich alle einig, und der Angriff ist geplant für den nächsten Morgen ein Auslaufen zu vermeiden, die Gegner des bevorstehenden Angriff zu verhindern.

Am Morgen alle nehmen die Ameisen die Richtung des Ostens. Die Arbeiter sind auf der Spitze dieser unglaublichen Sturm.

Gewarnt durch das Brüllen all diejenigen, die nicht in der großen Lichtung, Feuerameisen sind alle auf ihren Posten, um die Ankunft der Vereinigung des Westens angreifen. Sie sind bereit zu sterben, ihr Nest zu verteidigen. Sie sind bereit zu sterben, ihr Blut und die Königin Mutter zu verteidigen, die hatte sie geboren. Mandibles weit offen, erwarten sie, dass die angreifende ohne jede Befürchtung.

Die große Masse der westlichen Ameise hält nur wenige Meter entfernt von der Großen Mauer. Unter Ausnutzung dieser kurzen Pause, verschärft die Soldaten die Reihen näher an den Angriff, in dem die Arbeiter die erste laden. Sie springen auf den Boden des Gräben und gestapelt entlang der Großen Mauer, eine Brücke oder Rampe ihrer Körper zu machen. Alle diese Arbeiter bereit, für einen guten Zweck sterben zerquetscht dienen nutzbringend die Belastung der natürlichen Soldaten. Sie laufen stürzt auf Wohnwand noch spartanisch. Red Mandibeln auf den Körper ständig Zuschlagen die auf ihnen laufen. Den ganzen Vormittag sie schneiden, segmentiert und zerfetzen die Soldaten aus dem Westen, der auf der die roten Barbaren in einen Teppich von inerten Kadaver machen die letzten Überlebenden der Armee verbündet der Union zu fliehen eilen Westen. Sobald die undichte Westen verschwunden ist, nehmen die roten Ameisen über die Verwaltung ihrer großen Mauer an deren Spitze die große Königin der Kolonie verbunden.

Mit Hilfe von Arbeitern, die ihren Bauch unterstützen, steigt die Königinmutter langsam an die Spitze der Großen Mauer, die Szene schlechteste Sicht in der Geschichte der Ameisen seit ihrer Schöpfung zu bezeugen.

Eine zweite Wand grüßt an der Spitze, eine Wand ganz aus einem Haufen Gewirr von schwarzen Kadaver von westlichen angreifende gemacht.

Epilog.

-Sie Waren Schwestern und doch waren sie Schwestern.

Königin sieht für eine lange Zeit, um das Ergebnis dieser
Tragödie vor den Augen aller Soldaten traurig. Ant und
Gedächtnis, an diesem Tag ist und bleibt der einzige Tag in der
Geschichte der Insekten bleiben, wo eine Ameise eine Träne
fallen verwaltet. Die Königin weinte und sie weint immer noch
sehen andere Hunde einander abgesehen für den alleinigen
Überleben der Zikaden reißen, die es nicht in der Lage sein
würde, zu erkennen, weil nie eine dieser unbekannten Insekten
hat mit dem Eingang nie vorgestellt sein Nest.

Weit davon entfernt, werden die Zikaden verstehen nicht, die
Konsequenzen dieser Niederlage in der Mitte des Winters. Nach
dem Tanz und Gesang, sterben sie langsam in die Nahrungs
Getreidespeicher sie es geleert haben jemals füllen ohne.

Und mir Vortrag hören, Sie sagen:

Sie werden die eigene formulieren, du bist nicht eine Ameise
und keine jungen Geselligkeit Führung brauchen.